Dr. Frank Alper

Das Universelle Gesetz

für das

Wassermann-Zeitalter

G. Reichel Verlag

Copyright der amerikanischen Orginalausgabe:

© 1986 Dr. Frank Alper

Amerikanischer Titel: Universal Law
Quantum Productions

© copyright der deutschen Ausgabe:
1. Auflage 1992, 2. Auflage 1997
G. Reichel Verlag, Reifenberg 85, 91365 Weilersbach,
Germany, Tel. 09194-8900, Fax 09194-4262

Übersetzung: Gertraud Reichel

ISBN 3-926388-21-8

Inhaltsverzeichnis

Vorwort

Ich bin der Herr, Dein Gott. Ich spreche mit unendlicher Liebe zu meinen Kindern auf dem Planeten Erde. Diese hier aufgezeichneten Worte - es ist eine Botschaft an die Menschheit - sind durchdrungen von meiner Wahrheit.

Ihr alle bereitet euch auf die vor euch liegenden Jahre vor. Mein geliebter Sohn ist in allen meinen Kindern. Erlaubet seiner Gegenwart, euer Leben jenseits aller Träume zu bereichern.

Gebet acht, meine Kinder! Öffnet eure Herzen dem ewigen Leben. Ich bin mit euch, mit jedem von euch für alle Ewigkeit. Möge die heilige Gegenwart der Schöpfung das Innerste eurer Seelen erleuchten und euren Weg zur letzten Verschmelzung erhellen. Ich bin Michael Sananda, der Geist des universellen Christus. Ich bin der Herr, Dein Gott.

Einleitung

Viele Aspekte des Universellen Gesetzes sind durch mich in den letzten Jahren gechannelt worden. Dieses Buch ist eine getreue Zusammenfassung dieser spirituellen Energien.

Das Universelle Gesetz ist eine Vibration - ständig in Bewegung, sich ausdehnend und zusammenziehend. Es bedeutet, daß jedes Individuum für die Interpretation und die Anwendung des Gesetzes in seinem Leben verantwortlich ist. Eine Tat oder ein Fehler kann durch eine andere Handlung, Karma genannt, bereinigt werden. Auf dieser Grundlage findet das Wachstum der Menschheit statt.

Diese Gesetze sind eurem Verständnis angepaßt, um euren Geist zu stimulieren und euch bei der eigenen Wahrheitsfindung behilflich zu sein. Wenn sie dies erreichen, haben wir euch gut gedient.

Das Gesetz

Das Gesetz ist eine Vibration, die als Regulativ dient, um die Menschheit in ihrem Wachstum und auf ihrem Lebensweg zu unterstützen. Gesetze dienen nicht in erster Linie der Einschränkung, da sie in Wirklichkeit Richtlinien zur Wahl des richtigen Lebensweges sind. Sie helfen, Fehler zu vermeiden. Gesetze werden nicht erlassen, um zu strafen oder etwas zu beschneiden.

Viele betrachten Gesetze als "einschränkende" Vibration, als etwas, das begrenzt und einzwängt. Nähme die Menschheit einen anderen Standpunkt ein und betrachtete sie die Gesetze als erste Sprosse einer Leiter, als Hinweis für einen neuen Weg mit neuer Ausrichtung, dann würden die Gesetze ein nützliches Werkzeug sein, und nichts, wogegen man aufbegehrt.

Gesetze ändern sich. Im gleichen Maß, wie das Bewußtsein der Menschheit sich erhöht, ergibt sich die Notwendigkeit, die Gesetze zu verändern. Man kann nicht eine generelle Regel aufstellen und sagen: "Wächst das Bewußtsein der Menschheit, dann lockert sich das Gesetz". Das ist nicht immer so. Man kann aber sagen, daß mit der Veränderung des Gesetzes mehr Raum für den individuellen Ausdruck gelassen und dem Einzelnen mehr Verantwortung für richtige Entscheidungen übertragen wird. Erkenntnis und Wissen bringen zusätzliche Verantwortung.

Das Gesetz ist, seit es vor Millionen von Jahren schwingungsmäßig ins Leben gerufen wurde, gewachsen und hat sich erweitert. So wie die Seele wächst und sich entwickelt, so muß auch das Gesetz erweitert werden, um diesem Wachstum gerecht zu werden. Dir wird in jeder Wachstumsstufe, je nachdem wo du gerade stehst, ein Teil des Gesetzes offenbart. Während deines Wachstums wird dir mehr und mehr das Ausmaß des gesamten Gesetzes enthüllt. Dadurch wächst dein Verstehen und deine Einsicht. Aus diesem Grunde sind viele der alten Auslegungen heutzutage nicht mehr gültig.

Manchmal nimmt ein Kind eine physische Inkarnation an, um seinem Vater in einer speziellen Rolle zu dienen. Wenn es innerhalb der Inkarnation gereift und bereit ist, diese Aufgabe zu erfüllen, wird auf bewußter Ebene ein Bündnis zwischen ihm und seinem Vater geschlossen.

Wenn du dann aufgefordert wirst, dein ganzes Selbst und dein Wohlergehen in die Hände deines Vaters zu legen, seinen Weisungen und seiner Führung zu folgen, dann kommt die Befreiung. Du bist nicht mehr verantwortlich, denn mit der Erfüllung der Übereinkunft seid ihr Eins geworden. Deine Verantwortung ist zur gemeinsamen Verantwortung geworden. Dies gilt für jede Handlung in deinem

Leben. Die Menschen nennen es die Preisgabe des eigenen "freien Willens". Ist es wirklich eine Preisgabe oder vielmehr eine Verschmelzung aus Zweck und deines Vaters Willen, um die Einheit zu bestätigen?

Der enthaltene Schlüssel zum Verständnis dieses Übereinkommens spricht für sich: er liegt in dem Glauben, der Einheit würdig zu sein. Von diesem Zeitpunkt an wird das Herstellen und Akzeptieren des Übereinkommens sehr einfach, denn es ist die Folge deines Wachstums.

Das Universelle Gesetz

Meine dem Universum angehörenden Gesetze haben nicht die gleiche Bedeutung oder Struktur wie die zehn Gebote oder Gesetze Moses, die sich auf die Erdenmenschheit beziehen.

Jeder Planet im Universum, der Leben birgt - Leben wir ihr es kennt und nicht kennt - hat eine Reihe von Gesetzen, die auf die Zivilisationsformen seines Planeten zugeschnitten sind. Es sollte offensichtlich sein, daß diese Gesetze nicht universell sind, denn Variationen sind nötig. Sie entsprechen den bestehenden Energiemustern des jeweiligen Planeten.

So wie die Zeit fortschreitet und sich die Schwingungen der Menschheit erhöhen, so muß sich auch die Auslegung der Gesetze - da sie sich auf die Erden-Zivilisationen bezieht - verändern, sich dem Wachstum und dem Gesellschaftskodex anpassen. Auf diese Weise ist das Gesetz mit dem Kodex des inkarnierten Lebens vereinbar und nicht widersprüchlich.

Das Universelle Gesetz verändert sich nicht. Es ist in seiner Gesamtheit sehr flexibel, ändert sich jedoch nicht. Das Universelle Gesetz steht in Verbindung mit dem Wachstum und den Schwingungen der Seele, und es benötigt die Beständigkeit des Gesetzes, um die Einheit des Wachstumsmusters aller Seelen zu gewährleisten.

Das wichtigste Universelle Gesetz ist, daß alles - ich betone alles - immer in der "Göttlichen Ordnung" ist. Was bedeutet das für dich? Es bedeutet, daß es keine "Zufälle" in deiner wahren, spirituellen Existenz gibt. Es bedeutet, daß alles in deinem Leben zur rechten Zeit, im rechten Umfang und Maße geschieht, wie es geschehen soll. Wäre es nicht so, würden die Vibrationen innerhalb einer gegebenen Situation auf einem Planeten, einem Sonnensystem oder einer Galaxis aus dem Gleichgewicht geworfen. Und dies darf nicht geschehen.

Stünde - innerhalb des göttlichen Planes - für die Evolution eines Planeten eine große Menschengruppe auf einer anderen spirituellen Entwicklungsebene als vorgesehen, so würden die Schwingungen dieses Planeten nicht mehr in der Ordnung sein. Das Ergebnis wäre eine Unausgewogenheit im Wachstums- und Evolutionsplan des Planeten.

Es gibt Zeiten, da entstehen unübliche Situationen. So sind zum Beispiel viele Seelen auf eurem und anderen Planeten inkarniert, die große Wachstumssprünge auf bewußter Ebene machen. Geschieht dies, dann werden ihre Aufgaben in dieser Inkarnation oftmals verändert, um noch in diesem Leben weitere Aufgaben übernehmen zu können.

Es gibt viele Seelen, die "Transfusionen" von Energie - vom Universellen Christus-Licht ausgehend -

ausgesetzt sind, und zwar in einem größeren Maße als der Durchschnittsmensch. Hierdurch können sie eine umfassende Lichtmenge aufnehmen, die ihre Arbeit unterstützt. Solche Veränderungen beeinträchtigen nicht den göttlichen Plan, da sie sogenannte "Erweiterungen" sind. Sie verändern nicht den Vibrationsfluß, sondern sie unterstützen die Richtung und den Fluß. Auf diese Weise wird die Konsistenz des göttlichen Planes erhalten.

Das Gesetz ist und bleibt das Gesetz. Jede einzelne Vibration des Universellen Gesetzes wurde genau im gleichen Moment erschaffen. Vom ersten Augenblick seines Inkrafttretens hat sich nicht eine einzige Vibration seiner Basis-Struktur verändert. So wurde der Fluß und die Fortdauer gewährleistet. Das Gesetz hat sich in seiner Gestalt und seinem Wirkungskreis erweitert, jedoch nicht in den Grundprinzipien.

Laßt mich einige Gesetze aufführen, die der Universalebene entstammen: "Wenn eine Seele eine Inkarnation angenommen und beendet hat, ohne daß sie eine neue Wachstumsebene durch Hinzufügung von Vibrationen erreicht hat, dann muß sie fast augenblicklich eine neue Inkarnation annehmen."

Ich möchte diesen Grundsatz erklären. Die Bedingung bezieht sich direkt auf das Gesetz der Progression. Alles befindet sich im stetigen Fluß der Bewegung. Dehnt sich eine Seele in ihren Vibrationen nicht ständig durch das Ausgesetztsein neuer Energien aus, dann verflüchtigen sich ihre Energien. Eine Seele kann nicht unverändert bleiben, denn nichts ruht. Alles ist in einem beständigen Bewegungsfluß, entweder in einer aufsteigenden oder sich verflüchtigenden Vibrations-Spirale.

Wenn daher eine Seele, während der Dauer ihrer Inkarnation, nichts zu ihrem Wachstum hinzugefügt hat, dann muß sie sich, um nichts von der Evolution ihrer vorhergehenden Inkarnation zu verlieren, sofort wieder inkarnieren. Wenn nicht, erfährt sie eine langsame Verkleinerung ihrer Frequenzen.

Mit den Worten, "sie muß", will ich nicht sagen, daß der himmlische Vater oder einer ihrer Seelenhelfer diese Handlung befiehlt. Es ist das Selbst, die Bewußtheit der Seele, die diese Handlung anstrebt. Es ist ihr freier Wille, da sie die Folgen einer unterlassenen Bereinigung ihres Fehlverhaltens erkennt.

Ein anderes Universelles Gesetz besagt: "Keine Seele darf die Vibrationsebenen innerhalb der Himmelsregionen quer durchlaufen, sondern muß innerhalb der Ebene, die ihren Vibrationen entspricht, verweilen." Diese Aussage vermittelt den Eindruck einer Einschränkung, einer Hierarchie oder eines Kastensystems. Aber das ist nicht der Grund für dieses Gesetz. Wenn eine auf einer niedrigen Vibrationsstufe stehende Seele eine unvereinbare Sphäre betreten sollte, dann könnte sie den Universalfluß beeinträchtigen und in einem, was die Menschheit "Kurzschluß" nennt, zerstört werden. Aus diesem Grunde muß dieses Gesetz streng eingehalten werden.

Das Ergebnis ist die Schaffung bestimmter Schwingungsebenen. Vielleicht hast du selbst Situationen erfahren, in denen du Informationen von einem deiner spirituellen Helfer erbeten und du erst nach einem Aufschub die Antwort erhalten hast. Er/sie werden in diesem Falle versucht haben, über weiter entwickelte Kanäle die Antwort von jemandem auf einer höheren Schwingungsebene zu erhalten.

Kommt jemand zu dir mit der Bitte, eine Verbindung mit einem geliebten Verstorbenen herzustellen, dann bist du nicht "in der Ordnung", wenn du sagst: "Taste den Himmel ab". Du mußt zuerst spirituellen Beistand einholen und darum ersuchen, daß die richtige Schwingungsebene es dir ermöglicht, diese Seele zu orten und auf deine Schwingungsebene zu bringen, damit du Kontakt aufnehmen kannst.

Das strengste und unbeugsamste Universalgesetz ist eines, das dir bekannt ist. Es ist auch eines der Gesetze, die Moses zugeschrieben werden und die im ganzen Universum gelten. Es heißt: "Du sollst den Herrn, deinen Vater, mit ganzem Herzen, mit ganzer Kraft und Seele lieben, und keine anderen Götter haben neben ihm."

Die Übertretung dieses Gesetzes ist der einzige Grund für das Karma der Seele. Ich möchte, daß du verstehst, daß dieses Gesetz nicht erlassen wurde, damit dein Vater Huldigungen und Verehrung von seinen Kindern empfangen kann. Es wurde geschaffen, so daß alle seine Kinder sich seiner Energien innerhalb ihrer selbst bewußt werden, und sie erkennen, daß sie auf allen Ebenen eins mit ihrem Vater sind. Sie sind ein Ausdruck des Herrn, und sie brauchen nichts anderes. Alles was sie nötig haben, ist

Verständnis und Erkenntnis, daß sich ihre Energien in der Einheit vermischen. Das Karma der Menschheit beruht auf der häufigen Verneinung dieser Tatsache.

Stehlen

Zur Zeit Moses bedeutete dieses Gesetz: "Du darfst dir nicht aneignen, was offenbar und physisch nicht dein ist." Dieser Gesetzesaspekt ist noch in Kraft. Jedoch hat sich der Wirkungskreis hundertfach erweitert. Heutzutage sind wir uns der Menschen bewußt, die versuchen, von deinen Schwingungen zu leben, deine Liebe ins Negative umzuwandeln, dir Kraft abzuzapfen, dich versuchen und dich dadurch von deinem Pfad abbringen. Eine erworbene Vibration ist dem heilig, der sie genährt hat. *=) niemand darf einem Vibrationen „stehlen".*

Jemand, der Vibrationen "stiehlt", zieht sich selbst die schlimmsten Folgen zu. Vielleicht sollten die Worte dieses Gesetzes dem heutigen Leben angepaßt, folgendermaßen lauten: "Du sollst den Gesetzen der Substanz und der Progression gehorchen." Das Wort Stehlen trifft in keiner Sprache mehr zu. Alle würden verstehen, daß sich die

"Substanz" in einem stetigen Bewegungszustand befindet, daß alles Benötigte aus der Universalsubstanz gezogen werden kann, je nach Wunsch. Die Notwendigkeit zu stehlen ergibt sich dann, wenn man versucht, die Substanz festzuhalten, ihren Fluß zu unterbrechen, sie anzuhäufen in dem Glauben, sie gehöre ihm/ihr. Hierdurch entsteht Habgier und der Wunsch zu horten. Beide führen zum Drang, stehlen zu müssen. Erkennt der Mensch, daß er lediglich ein Kanal ist, dem die Substanz zufließt und dann durch ihn hindurch, so wird er Frieden finden, denn alle seine Wünsche werden erfüllt werden.

Stehlen heißt, den Fluß der Universalsubstanz zu unterbrechen. Geschieht das, zieht man Karma an. Wisse, daß das Karma nicht durch den Akt des Stehlens entsteht, sondern dadurch, daß der Substanzfluß unterbrochen wird.

Habgier

Wir sprechen über die Gesetze des Wohlstandes, der Substanz und des Flusses. Wir sind uns alle bewußt, daß, wenn das Gesetz der Prosperität ordnungsgemäß funktionieren soll, der Fluß ununterbrochen dahinströmen muß. Ihr werdet keinen Damm in einem Strom errichten, um den Fluß zu stauen, sondern den Strom von Schutt und Trümmern freihalten, so daß er kontinuierlich fließen kann. Zeitweilig trifft man jemanden, der einen Damm baut, und der Name des Dammes ist Habgier.

Habgier beschränkt sich nicht nur auf Geld, sondern auf Vermögen, Land, Tiere und anderen Besitz. Sie schließt auch Personen ein, denn die Menschen glauben, sie könnten andere Menschen besitzen. So liegt das größte Ärgernis, das wir mit Habgier bezeichnen, in der zwischenmenschlichen Beziehung. Es entsteht, wenn wir denen, die wir lieben und mit denen wir unser Leben teilen, keine freie Ausdrucksmöglichkeit zugestehen. Wir möchten sie in unseren eingefleischten Konzepten und Gedankenmustern festhalten, denn unsere eigene Unsicherheit hindert uns daran, ihnen ihren eigenen Ausdruck zu ermöglichen. Wir handeln so aus Furcht, sie zu verlieren. Hierdurch unterbrechen wir den Fluß und sorgen für Erregung, Bitterkeit und Blockaden. Unser Leben wird unterdrückt und unser Wachstum beträchtlich gehemmt.

Derjenige, der mit dem Vater geht, der seine Energien mit des Vaters Liebe vereint, braucht nie Frustrationen und Ängste zu erleiden und hat keinen Grund, in die Energien der Habgier gezogen zu werden. So fließt die Energie ungebrochen, mal hierhin, mal dorthin.

Das Universelle Gesetz verändert sich nie. Es ist konstant. Wieviele möget ihr kennen, die aus Habgier gehortet, festgehalten und mit der Zeit alles verloren haben? In Wirklichkeit haben sie ihre Einheit mit dem Vater verneint, denn sie haben nicht seinem Fluß der Substanz vertraut.

Beim Lesen der Bibel stößt man immer wieder auf Beispiele, die sich auf den Verlust des Vertrauens in den Fluß beziehen. Das zog schwere Folgen nach sich. Was wäre geschehen, wenn der Pharao die Hebräer auf ihre erste Bitte hin hätte ziehen lassen, wenn er darauf vertraut hätte, daß Gottes Wille geschehe, anstatt seine Hand auf den Bestand von Arbeit und Sklaven zu legen. Ägypten hätte weiter geblüht und viele Jahre keine Verheerung und keinen Ruin erfahren. Dieses Beispiel hat sich im Laufe der Zeit immer wiederholt. Seht euch die Welt von heute an. Eine Nation nach der anderen strebt danach, Waffen anzuhäufen, jede hält fest an ihrer Machtposition, anstatt alles fließen und los zu lassen.

Die größte Habgier steht im Zusammenhang mit dem Selbst. Das zeigt sich in der Unwilligkeit des Menschen, sich in des Vaters Obhut zu begeben und in seinem Beharren, alles festzuhalten, was er an materiellen Dingen und emotionalen Bindungen zu besitzen scheint.

Deshalb sage ich euch, meine Kinder, ihr, die ihr nach Erleuchtung strebt, werdet eins mit dem Selbst, habt Vertrauen, gebt euch dem Vater hin. Ihr werdet nicht straucheln. Ihr werdet auferstehen und eurer Fluß der Substanz wird wachsen und sich vergrößern.

Sünde

Das Buch des Leviticus enthält eine Auflistung vieler Sünden, die der Mensch begeht oder beging. Es beschreibt ebenfalls die Bußen oder Strafen für die jeweiligen Vergehen. Jahrhundertelang hat der Mensch in Furcht gelebt, nicht so sehr vor Gott sondern vor der Furcht, was als Sünde bezeichnet wurde. Nie hat er sich die Mühe gemacht, herauszufinden, was dieses Wort bedeutet und woher es stammt.

Historiker benutzen für die Ursünde das Symbol der in den Apfel, in die verbotene Frucht, beißenden Eva. War das wirklich als Sünde anzusehen, oder war es vielmehr das Symbol für Freiheit und Wahl?

Ist es Sünde zu stehlen, oder ist es die freie Entscheidung des Einzelnen, sich in eine schonungslose Erfahrung stürzen zu wollen, in eine Lektion, die er zu erfahren wünscht?

Man sagt, daß Meister Jesus am Kreuz für alle Sünden der Menschheit gestorben ist. Hat das den Menschen von seiner Verpflichtung dem Vater gegenüber entbunden oder von seinen Lektionen in Bezug auf Wachstum und Erfahrung? Ganz sicher nicht. Für welche Sünden ist Jesus gestorben? Wenn der Mensch wirklich eine Sünde nötig hat, dann laß nur sein Nichtvertrauen in Gott eine Sünde sein. Denn wenn ICH BIN die einzige Realität ist, und alles andere eine sich ständig wechselnde Projektion, dann kann das die einzige Sünde sein.

Die Bibel spricht von der Vergeltung des Herrn. Durch viele Geschichtsperioden hindurch ist gesagt worden, daß er die Sünder "zeichnet", daß er Stürme, Überschwemmungen sandte und Blitze schleuderte, nur um zu strafen. In einem Abschnitt steht geschrieben: "Die Rache ist mein, sagt der Herr." Gottes Energien sind göttliche Liebesschwingungen. Diejenigen, die auf ihrem Wege irren, unterliegen ihrer eigenen Gerechtigkeit und ziehen die für sie bestimmten Lektionen an. Sie erkennen auf der Seelenebene den Grad des Schwingungs-Mißbrauchs und den Grad der ausgleichenden Energien, die nötig sind, um das Gleichgewicht wieder herzustellen. Das ist das Universelle Gesetz.

Vergeltung existiert nicht, denn würde sie bestehen, wären des Vaters Energien nicht konstant, sondern unterschiedlich und eure Welt ein völliges Chaos.

Weshalb legten die alten Weisen, die alten Rabbiner so viel Wert auf das Wort Sünde? Die Menschen waren schwach, ihr Geist und ihre Wahrheit schwankten von Tag zu Tag. Es mußte eine Waffe gefunden werden, eine, die die Menschheit zusammenhielt. Um dies durchzuführen, wählten sie die Furcht. Die Furcht, mit der sie die Menschen zusammenhalten konnten, war das Wort Sünde.

Warum gestattete der Vater ein solches Vorgehen?
Warum gebot er nicht Einhalt?

Diese Entscheidung war die Wahl der Menschheits-
führer. Der Vater wollte nicht eingreifen. Der freie
Menschenwille muß Freiheit haben und sich Ausdruck verleihen können. Wenn nicht, kann er nicht
wachsen. Wie ihr wißt, ist keine Handlung sündhaft,
wenn sie gemäß eurer eigenen Wahrheit ausgeführt
wird. Sie zieht dann keine Lektion an, sondern ist
nur eine Erfahrung für euch. Seid ihr euch der richtigen Verhaltensweise in Situationen - der ihr noch
nicht ausgesetzt ward - nicht bewußt, dann seid ihr
verantwortlich dafür, daß ihr hinzulernt und aus der
Erfahrung Schlüsse zieht, so daß sie sich nicht wiederholt.

Die Gesetze, die sich im Buch des Leviticus auf
Sünde beziehen, gelten heute nicht mehr für die
Menschheit. Wäre es möglich, das Wort Sünde aus-
zuradieren, wo immer es geschrieben steht, und es

durch das Wort "Lektion" zu ersetzen, so sollte es geschehen. Der Mensch ist an dem Punkt gelangt, an dem er nicht länger des Vaters Energien mit Furcht zu verbinden braucht. Er kann sich ganz offen in Liebe verbinden und seine Fehler akzeptieren.

Die Lösung des Problems Sünde ist ganz einfach. Wenn du einen Schritt weitergehst und des Vaters Gegenwart in dir selbst und seine Führung in allen Aspekten deines Lebens annehmen kannst, dann brauchst du niemals beunruhigt zu sein, denn du wirst wissen, daß du in Wahrheit und Liebe deinen Weg gehst. Alle deine Handlungen und Entscheidungen werden in "deiner" Schwingung stattfinden, denn in diesem Augenblick bist du vereint mit ihm, und dein Zweck und deine Handlung werden wie eine Einheit sein. Du brauchst dich niemals mehr um die Energien zu kümmern, die Sünde genannt werden.

Schuld

Ist das Wort Schuld gleichbedeutend mit Sünde? In vielen Aspekten ja. Was ruft Schuld hervor? Unzulänglichkeit, das Fehlen von Stärke in deinem Glauben und deinen Überzeugungen? Vielleicht fällst du zu schnell Entscheidungen, die beim nochmaligen Überdenken Schuldgefühle hervorrufen. Hast du einmal beschlossen, schuldig zu sein, dann kannst du ebensogut sagen, du hättest gesündigt.

Du hast kein Recht auf "Schuld". Du hast kein Recht, eine Handlung zu bereuen. Du sollst Handlungen nur dann ausführen, wenn sie deiner Wahrheit entsprechen. Weißt du nicht, was deine Wahrheit ist, dann schiebe deine Handlung auf, bis du deine Wahrheit erkennst.

Es ist an der Zeit, daß die Menschheit die Energien der Selbstbestrafung und des Fehlens von Selbstwertgefühl auflöst. Der Mensch muß stark sein und unerschütterlich. Er muß eine positive Richtung einschlagen und erkennen, daß er ein Instrument der Liebe - allein der Liebe - ist.

Eine Handlung, die im guten Glauben ausgeführt wurde, bedarf keiner Reue. Entsteht daraus ein negatives Ergebnis, dann sollte es nicht bedauert werden. Vielmehr sollte das Resultat bewußt gemacht werden, um neue Entscheidungsmuster für zukünftige Handlungen zu schaffen.

Eitelkeit

In biblischen Zeiten wurde das Haar nicht ge-
schoren. Wer war der Mensch, der sich erlauben
konnte, ein Geschenk Gottes wegzuwerfen? Das war
die Wahrheit der damaligen Zeit. Ein Mann, der seine Locken abgeschnitten hätte, wäre verbannt oder
gar gesteinigt worden.

Heute trifft das nicht mehr zu. Viele orthodoxe Religionen auf der ganzen Welt erlauben die Haarrasur
nicht und verbieten künstliche Verschönerungs-
mittel, denn dies ist ihre Wahrheit. Aber die intellek-
tuelle und geistige Entwicklung der Menschheit hat
uns zu dem Punkt geführt, an dem der Mensch erkennt, daß diese kleinen Dinge einen weder von
Gott entfernen noch Hingabe an Gott bezeugen. Es
ist eine Entscheidung des freien Willens und des
Geschmacks und bezieht sich darauf, wo man im
Leben steht. Allgemein gesprochen sind jene, die

tief in materiellen, sozialen Schwingungen verstrickt sind, mehr dazu geneigt, Kosmetik zu benutzen und künstlich ihre flüchtige Jugend zu verlängern. Die Wichtigkeit dieser Äußerlichkeiten schwindet, je höher die spirituellen Schwingungen werden. Dann versteht man, daß wahre Schönheit von innen kommt.

Manchmal können wir in einigen Teilbereichen des Lebens mit der Eitelkeit in Konflikt geraten. Ist Eitelkeit Sorge um unser Selbst, oder ist sie Selbstgefälligkeit? Führt man aus Eitelkeit körperliche Übungen aus, um den physischen Körper fest und straff zu erhalten? Eitelkeit kommt ins Spiel, sobald wir den Zweck unserer Handlungen bestimmen. Liegt der Akzent in der Überbetonung der Eitelkeitsschwingung und leiden darunter Wachstum und Gleichgewicht des Lebens, dann begeht der Einzelne einen Fehler.

Durch inneres Wachstum wird der Alterungsprozeß gänzlich unbedeutend, deine Einstellung zu diesem Prozeß verblaßt, denn du bist nur du, und nur du kannst sein. An diesem Punkt spielen die Energien der Eitelkeit in deinem emotionalen Ausdruck nur eine unbedeutende Rolle.

Chirurgische Eingriffe am Körper-Tempel verstärken die Illusion der Selbst-Akzeptanz und Einheit mit des Vaters Essenz. Er erwartet keine Opfer von der Menschheit zum Betreten der Ebenen der Perfektion. Alles was er sucht, bist du, ungeschminkt in deiner Wahrheit.

Privateigentum

Jeder Mensch hat das Recht, Eigentum zu besitzen und zu erwerben, gleichgültig, ob es ein einziges Stück Land ist, eine größere Fläche, Grundbesitz, ein Staat, ein Land oder eine Insel, vorausgesetzt man hat sie durch ehrenhafte Methoden und harte Arbeit erworben. Niemanden kann Vermögen verwehrt werden. Es wird auch nicht verlangt, daß man, um Hingabe für den Vater zu beweisen, mittellos bleibt oder Mangel leide. Alle haben das Vorrecht, Eigentum zu erwerben und können dazu ermutigt werden, ihr Eigentum und ihren Besitz mit ehrenvollen Mitteln zu schützen.

Mißbraucht man den zugeflossenen Strom der Substanz innerhalb des Privateigentum-Gesetzes, so wird man ihn sicher verlieren. Jeder muß verstehen, daß alle Substanz ständig fließt und niemals ruht.

Sie muß daher früchtebringend und produktiv ge-
nutzt werden. Liegt sie brach, löst sie sich auf.

Das reichste Kind jedoch ist das, das den Weg zusammen mit dem Vater schreitet. Was könnte der
Mensch besitzen, das ihn, wenn er es opfert, Gott
näher bringt?

Austausch

Das Gesetz lautet: "Teilt ein Mensch Energien mit einem anderen Menschen oder wendet er sie an, dann muß er für gleichartige Energien empfänglich und offen sein."

Das ist ein einfaches Gesetz und dennoch eines der schwersten. Der Mensch hat von Kindheit an gelernt, "zu geben und zu nehmen". Das ist der Schlüssel. Die Worte **"geben und nehmen"** sind schlecht gewählt, denn es gibt nur das Miteinander-teilen. Das Wort **"geben"** bedeutet unterschwellig eine Art von Opfer, das Wort **"nehmen"**, sich etwas ohne Zustimmung anzueignen.

Wenn man dir Energien zurückgeben oder sie mit dir teilen möchte, du sie dir aber nicht aneignest, dann erhältst du. Du erlaubst anderen die gleiche Form von Energie, die du zuvor ausgesandt hast, zu benutzen, und hast kein Recht, ihnen dies zu verwehren.

Das Gesetz des Austausches enthält auch folgende Worte: "Jeder trägt die Verantwortung dafür, daß er sich vollkommen selbst besitzt. Versucht jemand, einen Teil von sich "zu geben", dann öffnet er sich und wird verwundbar. Dies kann Karma hervorrufen.

Die wirkliche Kraft der Menschheit liegt in dem Miteinander-teilen. Auf diese Weise kann der Empfänger einen größeren Anteil deiner Energien aufnehmen, ohne daß du deine Kraft, deine Stabilität und dein eigenes Besitzrecht verlierst.

Das Gesetz des Austausches fällt schwingungsgemäß unter das Wohlstands-Gesetz. Teilt jemand, und verweigert er den Rückfluß, dann hat er den Strom seines Gedeihens unterbrochen. Eure Lehrer teilen mit euch ihre Energie und ihr Wissen.

Junge Schüler, die nicht die Möglichkeit haben, ihre Energien auf gleicher Ebene auszutauschen, können ein anderes Tauschmittel benutzen: eine Segnung, einen Korb Früchte, einen finanziellen Ausgleich oder nur eine Information. Sie tauschen aus nach Empfang, damit andere ebenfalls austauschen können und ermöglichen somit eine vermehrte Aufnahme.

Schaffe eine Welt des Wachstums, in der keiner sich etwas aneignet, sondern nur am Fluß des Lebens und der Liebe teil hat. Willst du deine Rolle innerhalb der spirituellen Vibrationen annehmen, mußt du dich an das Gesetz des Austausches halten. Bis du dahin kommst, beschneidest du deine Schwingungen.

Selbstverleugnung

Das Gesetz sagt: "Derjenige, der sich für unwürdig hält, dem wird die Würde vorenthalten. Derjenige aber, der sich für würdig hält, wird im Hauptstrom des Wohlstandes fließen." Der Mensch ist ein vielschichtiges Wesen. Der bewußte Verstand in seiner Ungewißheit mag sich zu der Annahme entschließen, daß er den ihm zufließenden Energien unwürdig ist. Aber was bedeutet unwürdig? Ist es Angst? Ist es Mangel an Selbstvertrauen oder Scheu? Es ist alles zusammen. Kurz gesagt, es ist eine Verurteilung - die Verurteilung des Selbst.

Wir haben schon vorher das Gebiet des Leidens angesprochen. Oft hast du gehört, daß dein Vater göttliche Liebe ist und daher unfähig ist, dir Leid zuzufügen. Du legst dir selbst alles Leid auf. Verleugnung ist die Auflage von Leid. Dir selbst einzuflüstern, du wärest nichts wert und müßtest leiden, ist

Selbstverleugnung. Wem gegenüber bist du unwürdig? Es gibt niemanden außer dir, mit dem du dich vergleichen kannst. Du bist dein Tempel. Du hast kein Recht, den Fluß zu verleugnen, den Strom zu Gott in deinem Inneren.

Einige werden einwenden und sagen, sie verleugnen sich aus Bescheidenheit. Sie möchten bescheiden sein, denn sie möchten nicht den Eindruck erwecken, habgierig zu sein oder ihrem Ego zu huldigen. Aus diesem Grunde verleugnen sie sich. Sie vergleichen die Reaktionen anderer mit den ihren. Diese Entscheidung stärkt ihr Ego, denn sie behaupten, im voraus die Reaktionen anderer zu kennen. Versage dir nichts. Empfange alles, was dir geboten wird, denn alles ist deins. Erlaube, daß dir alles in die geöffneten Arme fließt, erfahre und benutze es und gestatte anderen, es von dir zu empfangen.

Begehren

In alten Zeiten wurde dieses Gesetz streng wörtlich genommen. Man näherte sich nicht der Frau seines Freundes. Traf man aus Versehen zusammen, gingen beide getrennt ihrer Wege. Verkehr und Beziehungen miteinander wurden mißbilligt, außer in Anwesenheit des Ehemanns.

Heute verstehen wir mehr unter Begehren. Die Menschheit ist empfänglicher für Vibrationen geworden und feinfühliger für die verschiedensten Lebensaspekte. Der Mensch wird ermutigt, "seines Nachbarns Frau zu lieben". Ich spreche hier von der Liebe bezogen auf spirituelle Vibrationen, vom weit geöffneten Herzen, so daß andere deine Liebe spüren und mit dir teilen können, von einer Liebe, die ohne Scham alle umfassen kann. Gehe nicht mit vor der Brust gekreuzten Armen umher, verstecke dich nicht vor deinen Mitmenschen, verschließe nichts, was dein Selbst anzubieten hat, sondern teile es großzügig mit deinen Brüdern und Schwestern.

Das Wort **Begehren** bedeutet Verlangen, Verlangen im fleischlichen Sinne. Ihr seid erwachte Kinder des Lichtes und euch eurer Identität bewußt. Ihr seid nicht länger fähig, sinnlich in euren Gefühlen zu sein, denn würdet ihr es versuchen, so würdet ihr zugrunde gehen.

Ihr seid der Ausdruck eurer Vibrationen. Ihr seid der Ausdruck eurer Liebe. Niemand sollte sich deswegen schämen.

Spirituelle Vereinigung

Das Gesetz lautet: "Ist eine Beziehung zwischen zwei Seelen durch Vermischung und Vereinigung spiritueller Schwingungen zustande gekommen, dann soll die Beziehung von unserem Vater gesegnet werden und ewig fortbestehen."

Was bedeutet diese Aussage für den Durchschnittsmenschen? Gehen zwei Seelen eine Bindung auf der Grundlage spiritueller Schwingungen ein, dann segnet der Vater diese Verbindung, sie wird fortdauern, sich niemals auflösen und immer gleichbleibend und erfüllend sein.

Gehen zwei Menschen eine Verbindung auf bewußter, emotionaler Ebene ein, gleich ob sie auf Sex oder auf einer anderen physischen Ebene beruht, so sollen sie es tun, denn in ihr sind immer Lehren für beide Seelen enthalten. Entsteht aus dieser Verbindung keine geistige Beziehung, dann wird sich die Beziehung abschwächen und auflösen.

Deshalb, so sage ich euch, ist die Ehe eine Verbindung von Vibrationen und nicht von Gefühlen. Weshalb suchen viele Männer und Frauen Erfüllung außerhalb ihrer Ehe? Sie tun es, weil sie sich in eine einengende Situation manövriert haben, die ihnen nicht die Erfüllung gibt, die sie auf allen Ebenen ihrer Existenz benötigen. Sie sind eine Beziehung ohne solide Grundlage und Überlegung eingegangen.

Ich will nicht sagen, daß man nur mit einer Person eine spirituelle Vereinigung eingehen kann, denn das stimmt nicht. Es gibt viele, mit denen man eine spirituelle Übereinstimmung erreichen kann. Der Schlüssel ist das Bewußtsein und die Feinfühligkeit, die Übereinstimmung erkennen zu können, wenn sie auftritt. Dann entsteht eine Beziehung ohne Frustrationen, Eifersucht und Ärger, basierend auf Vertrauen, Harmonie und Liebe, denn das Wissen, daß die

Schwingungen unverändert und konstant bleiben, wird da sein.

Persönliche Moral

Das Gesetz sagt: "Jeder Mensch muß sich Richtlinien für sein moralisches Verhalten in Übereinstimmung mit seiner eigenen Wahrheit setzen. Steht jedoch diese Wahrheit im Widerspruch zu den Gesetzen seiner Gesellschaft, dann muß er entweder sein moralisches Verhalten anpassen oder sich eine Gesellschaft suchen, die mit seinen Grundsätzen übereinstimmt."

Niemand hat das Recht, einem anderen moralische Grundsätze aufzuzwingen, denn kein Mensch kennt des anderen Wahrheit.

Hast du deinen Moralkodex für dich bestimmt und brichst du daraus aus, dann ziehst du eine selbstauferlegte Lernsituation an. Sie ist die Folge des Festlegens deiner Wahrheit und ihrer Mißachtung. Auf diese Weise trägst du die Verantwortung für deine Taten.

Was sollst du tun, wenn du innerhalb deiner Wahrheit den Wunsch nach etwas verspürst, was von anderen als Unrecht angesehen wird? Die Antwort ist klar umrissen. Führst du diesen Wunsch aus, dann fügst du anderen bewußt Leid zu. Bist du dir dessen bewußt, wird dir als Folge deiner Handlungsweise eine Lehre erteilt.

Handelst du hingegen so, daß andere nicht leiden, dann ist deine Vorgehensweise gerechtfertigt, denn sie ist mit deiner Wahrheit vereinbar. Die Trennungslinie ist manchmal kaum sichtbar, aber dennoch gibt es sie. Niemanden wird der Ausdruck seiner Wahrheit verwehrt, aber die Umstände und die Bedingungen müssen ihrem Ausdruck angemessen sein.

Verantwortung dem Ego gegenüber

Dieses Gesetz mag sonderbar klingen, ist aber eine Realität, denn das Ego ist real. Ich werde damit beginnen, das Wort Ego zu definieren.

"Ego ist eine emotionale Reaktion oder Antwort, die auf einer vorhergehenden Erfahrung innerhalb einer gegebenen Situation oder gewissen Umständen beruht." Was ist des Menschens Verantwortung seinem Ego gegenüber?

Soll der Mensch sein Ego ganz unterdrücken? Auf keinen Fall. Unterdrückt er es, legt er den Ausdruck seiner bewußten Persönlichkeit in Fesseln. Er erstickt den notwendigen Faktor, der ihn motiviert und ihm hilft, seine Ziele zu erreichen. Der Ausdruck des Egos ist begründet, denn das Ego existiert. Die Frage ist, bis zu welchem Punkt sein Ausdruck noch im Bereich des Sicherheitsfaktors liegt. Die Antwort ist: Benutzt der Mensch sein Ego als Werkzeug für Wachstum und Ausdruck, dann wendet er es richtig an. Benutzt das Ego den Menschen, um seine Ziele zu erreichen, dann stimmt die Situation nicht mehr.

Es macht mich oft traurig, zu sehen, wenn ein spirituell weit Fortgeschrittener mit einem gewissen Grad von Erfolg und Berühmtheit es seinem Ego erlaubt, durchzubrechen, ihn zu kontrollieren und das Leben von der richtigen Perspektive abzulenken. Oft geht dadurch dem Vater sein Kind verloren. Aus diesem Grunde werden oftmals viele Zweifel in deinen Verstand gelegt, Zweifel an der Gültigkeit deiner Wahrheit und deiner spirituellen Kommunikation. Sie zwingen dich dazu, dein Ego zielgerecht zu steuern und dich daran zu erinnern, daß du unvollkommen bist.

Versuche nicht, deine Freuden und deine Gefühle zu unterdrücken, laß ihnen freien Lauf und genieße sie,

denn oftmals sind sie ein Energierückfluß für viele
Bemühungen und verausgabte Energie.

Wisse, daß die Zeiten freudiger Erregung und Rück-
schläge eine Grenze haben; sind sie vorüber, muß
deine Arbeit wieder aufgenommen werden.

Fruchtbarkeit und Vermehrung

Das Gesetz sagt: "Kein Mann und keine Frau haben das Recht, sich in irgendeiner Weise so zu verändern, daß die Empfängnis und die Geburt eines Kindes verhindert wird. Wisset, wenn der Vater wünscht, daß ein Kind das Licht der Welt erblickt, es geboren werden wird. Sieht das Inkarnationsmuster der Eltern dies nicht vor, dann wird das Kind nicht geboren."

Dieses Gesetz hat lange Zeit zu vielen Widersprüchlichkeiten geführt. Ich sitze hier nicht und sage, daß es eine Verpflichtung ist, diesem Gesetz buchstäblich zu folgen, denn, was für die meisten Gesetze gilt, so muß es entsprechend der eigenen Wahrheit angepasst werden. Das wichtigste ist das Grundprinzip, das hinter dem Gesetz steht, zu begreifen. Das Prinzip ist: "Gottes Wille wird immer geschehen." Man könnte sagen: "Gemäß meiner Wahrheit glaube ich fest daran, keine weiteren Kinder mehr zu bekommen, und deshalb liegt es in meiner Wahrheit, Veränderungen an mir vorzunehmen, um zu verhindern, daß dies geschieht." Wer könnte sagen, daß das falsch sei? Im umgekehrten Falle, wer könnte mit Bestimmtheit behaupten, daß du weitere Kinder empfangen hättest? Wieviele Frauen haben empfangen und Kinder geboren, obwohl die Ärzte es für unmöglich hielten?

Tue was du glaubst tun zu müssen, aber tue es innerhalb deiner Wahrheit. Trage in deinem Herzen die Gewißheit, daß Gottes Wille immer geschieht.

Verantwortung seinen Kindern gegenüber

Wo fängt die Verantwortung der Eltern ihren Kindern gegenüber an, wo hört sie auf? Wenn es wahr ist, daß die erste Pflicht der Menschheit ihrem Selbst gegenüber besteht, wie kann dann ihre große Selbstaufopferung für ihre Kinder gerechtfertigt werden? Sie besteht nicht nur während der formativen Jahre, sondern viele behalten sie ihr ganzes Leben bei. In biblischen Zeiten wurde ein Jugendlicher mit dreizehn Jahren als erwachsen betrachtet, und er trug die Verantwortung für sich und seine Handlungen. Man erwartete, daß er seinen Eltern Respekt zollte, sein Leben selbst lebte und dafür verantwortlich war.

Heutzutage sind die Kinder mit dreizehn Jahren viel reifer und weiser als ihre Ebenbilder in jenen Tagen. Trotzdem werden sie von der elterlichen Autorität fest unter Kontrolle gehalten. Der Schlüssel liegt im richtigen Verhalten und im Verstehen, daß dein Kind eine Person ist, ein Individuum, das eine Weile seine Zeit mit dir verbringt und das, sobald es volljährig ist, die Verantwortung für sein Leben und seine Handlungen übernimmt. Zu diesem Zeitpunkt endet die elterliche Verantwortung, und die Eltern nehmen stattdessen die Rolle eines Freundes und Beraters an.

Viele Eltern klammern sich während der formativen Jahre zu eng an ihre Kinder, und später wird es schwierig, sie zur rechten Zeit loszulassen. Dann leiden beide, die Eltern wie die Kinder. Mit jeder kommenden Generation wird es wichtiger für Eltern, ihre Rolle gegenüber dem Kind zu verstehen, denn die Kinder werden immer bewußter und benötigen Ausdrucksfreiheit, um spirituell offen zu bleiben.

Ehelosigkeit

Das Gesetz lautet: "Nimmt ein Kind des Lichts bewußt seine Identität an und gelobt, sein Leben dem Dienst des Vaters zu weihen, dann legt es auf der spirituellen Ebene automatisch das Gelübde der Ehelosigkeit ab."

Hiermit will ich sagen: "Ich werde meinen Vater mit ganzem Herzen lieben, mit ganzer Seele und mit all meiner Kraft, und kein anderer Gott soll herrschen neben ihm. Ich werde dieses Gelübde nicht brechen oder geloben, mich keiner anderen Form, keinem Idol oder anderem Objekt der Verehrung zuzuwenden. Ich werde in allen Aspekten meines spirituellen Wachstums meinem göttlichen Vater treu ergeben sein."

Man mag fragen, warum in diesem Fall so viele Männer des geistlichen Standes den Schwur der Ehelosigkeit ablegen müssen? Laßt uns in alte Zeiten zurückkehren, zu den Tagen der Opferung, als die Entwicklungsebene eine andere Art der Verpflichtung unserem Vater gegenüber war: das Opfer des Lammes, das Opfern von Gold und Geschmeide und die Aufgabe physischer Freuden. Man mußte zu Opfern bereit sein, um seine Hingabe zum Vater zu beweisen. Aber wie bereits erwähnt, die Zeiten wandeln sich, und die Interpretation der Gesetze wächst und erweitert sich mit den Vibrationen.

Heute sage ich euch, daß wenn ihr es - dem heutigen Stand eurer Entwicklung angemessen - für nötig haltet, physisch im Zölibat zu leben, um eure Hingabe an den Vater zu beweisen, ihr nicht an erster Stelle für besonders wertvoll angesehen werdet.

Ehelosigkeit ist im physischen Sinne eine Folge von Angst. Man könnte sagen: wird jemand nicht verführt, dann wird er auch nicht von seinem Pfad abweichen. So verhindert ein Mangel an Glauben in das Selbst eine normale Lebensfunktion, den Ausdruck der Liebe. Versteht und praktiziert man das Gesetz des spirituellen Zölibats, wird man nie ein Problem haben, sich physisch auszudrücken. Das Verständnis wird da sein, die Versuchungen werden sich auflösen und niemals Probleme bereiten.

Ihr mögt Abstinenz in eurer Diät walten lassen und vom Fleisch- Alkohol- oder Tabakgenuß absehen. Was beweist eine solche Abstinenz? Sie beweist, daß ihr das Bedürfnis habt, eine unbewußte Unzulänglichkeit zu überwinden. Daher schafft ihr eine Situation, um eure Verehrung und Hingabe zu beweisen: eine Situation ohne Inhalt und ohne Grundlage. Kann ein Mensch dem anderen sagen, er sei unwürdig, nur weil er Fleisch ißt?

Erinnert euch daran, meine Kinder, daß euer spiritueller Meister der sein kann, der als Alkoholiker im Kampf mit einer Lektion in der Gosse liegt. Haltet eure Schwüre der Ehelosigkeit in den ihnen gebührenden Schranken, nämlich in Bezug auf eure spirituelle Verpflichtung dem Vater gegenüber.

Isolation

Das Gesetz sagt: "Begibt sich jemand auf den Pfad des spirituellen Wachstums und gestattet er, daß ihm der Strom des Wissens und der Vibrationen zufließt, dann muß er dafür Sorge tragen, daß die Vibrationen und der Strom kontinuierlich weiter- und durch ihn hindurchfließen. Unterbricht er den strömenden Fluß, indem er ihn für eigene Zwecke hortet, dann muß er versiegen."

Mit anderen Worten, wenn du jahrelang studierst und dich entfaltest, dann aber meinst, ein so hohes Wesen geworden zu sein, das mit anderen keine normale Beziehung haben kann oder wünscht, sondern stattdessen lieber in der Abgeschiedenheit meditiert, studiert und sich in seinem Wissen und Ruhm sonnt, dann wirst du bald nichts mehr haben, in dem du dich sonnen kannst. Die dir zufließenden Vibrationen des Wissens gehören dir nicht. Sie sind

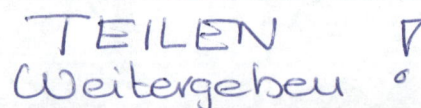

ein Teil der fließenden universellen Substanz. Du magst dein Boot besteigen und auf den Wellen dieser Energie reiten, um sie aufzunehmen. Aber es liegt nicht in deiner Macht, den Strom abzuleiten, den Fluß zu unterbrechen. Du bist ein Transformator, nichts weiter.

Benutzt jemand die Energien anderer, um Wissen zu erlangen und weigert er sich, dieses Wissen und diese Energie anderen weiterzuleiten, dann findet eine Rückbildung seiner Vibration statt. Nach nicht allzu langer Zeit wird man zum Ausgangspunkt zurückgekehrt sein. Es ist nicht der Weg meiner Kinder, in der Abgeschiedenheit zu sitzen und zu wachsen. Euer Dienst liegt innerhalb der Menschenmassen, nicht in weltabgewandter Meditation oder friedlich zwischen Gleichgesinnten. Ich ersuche euch, nicht eure Energien mit ihnen zu vereinen, sondern sie nur zu verknüpfen und sie zu nähren.

Als reine Abstraktion seid ihr nichts weiter als ein Gedanke, eine Idee, eine Projektion. Deshalb befindet ihr euch in einem konstanten fließenden Zustand. Ihr habt kein Recht, den fließenden Strom zu verfestigen.

Inkarnation

Das Gesetz besagt: "Bei der Erschaffung einer Seele wird für sie ein Buch der Aufzeichnungen und ein vollständiges Lern- und Wachstumsmuster angelegt."

Das Muster ist nicht in allen Einzelheiten festgelegt, sondern es ist flexibel. Die Seele besitzt die Freiheit, ihr Wachstum zu beschleunigen und in manchen Fällen sich durchzuwursteln und wenig zustande zu bringen. Der Seele wird jedoch nur eine klar umrissene, beschränkte Zeit zwischen den Inkarnationen zugestanden.

Das Gesetz lautet: "So wie die Seele innerhalb ihrer Evolution wächst, so vergrößert sich die Zeit, die zwischen ihren Inkarnationen liegt." Das bedeutet, wenn man nur noch drei oder vier Inkarnation in dem Muster übrig hat, dann braucht man für viele hunderte von Jahren nicht zu inkarnieren. In den

= VERTRAG (außer als Meister, Lehrer)

frühen und mittleren Wachstumsebenen muß die Seele innerhalb einer bestimmten Zeitspanne Inkarnationen annehmen.

Ein anderes Gesetz sagt: "Eine Seele darf nicht eine alleinige Inkarnation auf einem Planeten wählen, außer wenn diese Inkarnation im Dienste des Vaters steht."

Innerhalb jedes Planeten besteht eine Vibration und ein Muster für die Dauer der Inkarnationen. Zum Beispiel: Beginnt eine Seele ihre erste Inkarnation auf dem Erdenplaneten, dann unterschreibt sie sozusagen einen "Vertrag" von achtundvierzig bis zweiundsiebzig Inkarnation, alles in allem. Diese Spanne erlaubt ein schnelles Wachstum und eine schnelle Evolution. Der Zweck ist, die Harmonie innerhalb der Planetenschwingungen und der Gesellschaften aufrechtzuerhalten.

Eine Seele kann nicht freiwillig in einer Zivilisation mit niedrigen Schwingungen inkarnieren. Es gibt nur eine Ausnahme, nämlich im Dienste für den Vater, als bewußter Meister oder Lehrer zu dienen, um die Vibrationen auf einem bestimmten Planeten zu erhöhen. Dann handelt man in der Eigenschaft als das, was unter dem Begriff "zugewanderte Seele" bekannt ist. Im normalen Verlauf der Evolution würde ein Abstieg das Gleichgewicht und die Ausgewogenheit der Seele und die auf dem Planeten Lebenden stören.

Ein anderes Gesetzt lautet: "Soll der Dienstauftrag einer eingewanderten Seele auf einer niedrigeren Vibrationsebene ausgeführt werden, und ist diese Seele nicht imstande, diese Inkarnation abzuschließen, und verläßt sie diese durch anormale Methoden wie Selbstmord, Wahnsinn, dann wird die Seele ihrer Verantwortung für diesen speziellen Dienst entbunden und kann dahin zurückkehren, woher sie vor ihrer Dienstleistung kam."

Der Grund hierfür ist ganz einfach. Der Vater möchte keine Seele strafen, noch wird es beabsichtigt, die Vibrationen einer Seele zu beschädigen. Geschehe dies, dann müßte die Seele unnötig lang zurückgehalten werden, bevor sie erfolgreich in diese Vibration zurückkehren kann. Dafür fehlt die Zeit.

Persönlichkeit

Welche Rolle spielt die Seele in Verbindung mit der bewußten Persönlichkeit? Das Gesetz lautet: "Die Seele darf auf keinerlei Art und Weise Gewalt oder Zwang ausüben, um das Bewußtsein in irgendeiner Weise zu beeinflussen oder zu irgendeiner Handlung zu zwingen. Es ist die Mission und die Verantwortung der Seele, der bewußten Persönlichkeit ihre Anwesenheit, ihre Belehrungen und ihre Aufgabe kundzutun."

Dieser Prozeß beginnt vom ersten Tage der Geburt und hält das ganze Leben an, meistens auf einer unbewußten Ebene durch Einpflanzung von Gedanken, Reaktionen und Gefühlen. Die Seele leitet die bewußte Persönlichkeit zu den gewünschten Resultaten, Gefühlen und zu Erfolgen, die die Seele während der Lebensspanne zu erreichen wünscht.

Die Seele versucht, das Bewußtsein des Individuums zu wecken, aber nicht durch Angst oder Drohungen. Dies riefe eine karmische Situation für die Seele hervor, da sie in den freien Ausdruck der Persönlichkeit eingreifen würde. Manchmal geschieht das Eingreifen doch. Es gibt viele Individuen hier auf Erden, die geistig besessen zu sein scheinen, aber nicht wirklich besessen sind. Ihre eigene Seele zwingt und drängt sie in Situationen, in die sie nicht geraten wollen. Die Seele zieht dadurch eine schwere Lektion an. Die Vereinigung zwischen der bewußten Persönlichkeit und der Seele muß in Liebesschwingungen vollzogen werden.

Diese Situation kommt selten vor und zwar nur dann, wenn die Seele eine gewählte Inkarnation wirklich "bedauert". Umweltbedingungen, physische Unfälle und freier Wille mögen den Zweck des Seelenausdrucks leugnen. Das könnte eine Verstimmung bei der Seele auslösen, die ihre Inkarnation früher als geplant zu beenden wünscht.

Man mag fragen: "Was geschieht, wenn die bewußte Persönlichkeit die Gegenwart der Seele ablehnt?" Was, wenn ihr bewußt ist, daß die Seele anwesend ist und sagt:" Gehe weg, störe mich nicht, ich wünsche mich zu amüsieren und zu spielen." Wird die Seele für den Wachstumsverlust in diesem Fall verantwortlich gemacht? Die Antwort ist ja. Denn irgendwo auf dem Weg hat die Seele etwas vernachlässigt, das sie nicht hätte vernachlässigen sollen. Irgendwo war sie nicht erfolgreich, der bewußten Vernunft ihre Liebe und ihr Verständnis kundzutun. Wir alle wissen, daß Liebe das mächtigste Werkzeug ist. Wirkt sie nicht und reagiert jemand nicht positiv auf sie, dann ist sie nur ungenügend angewendet worden.

Geht ein Individuum durch eine Inkarnation, ohne Wachstum auf der bewußten Ebene zu erzielen, dann findet es sich in einer Situation wieder, in der die Seele innerhalb weniger Jahre eine weitere Inkarnation annimmt. Mangel an Wachstum ist kein wünschenswertes Ergebnis; daher wird der Seele eingehendst nahe gelegt, so schnell wie möglich wieder auf die physische Ebene zurückzukehren, um das zu erreichen, was sie versäumt hat. Sie kann im Grunde genommen dieses Ansinnen verweigern, aber das geschieht nicht, denn die Seele weiß, daß Wachstum erzielt werden muß, bevor sie sich weiterentwickeln kann.

Haß

Das Gesetz sagt: "Entfacht jemand Gefühle und Vibrationen völliger Ablehnung oder Haß für einen
anderen Menschen, sollen ihm in seiner nächsten
Inkarnation die Schwingungen der Liebe versagt
bleiben." Diese Vibrationen werden ihm nicht während seiner ganzen Inkarnation vorenthalten, sondern nur bis zu dem Zeitpunkt, an dem er den Wert
von Liebesschwingungen erkennt und auf das Recht
hinarbeitet, diese Schwingungen zurückzuerhalten.

Es mag befremdlich klingen, daß der Vater ein Ge-
setz erließ, das sich auf Haß bezieht, denn es ist eine
Schwingung, die als nicht existent betrachtet wird.
Dennoch ist es eine von Menschen ausgedrückte
Schwingung, und man sollte sich eingehendst damit
auseinandersetzen.

Die Vibrationen des Hasses entspringen der Verurteilung, sie sind fast ein endgültiger Urteilsspruch.

Sie sind ebenfalls Schwingungen von anhaltendem Ärger, Groll und anderen nicht wünschenswerten Eigenschaften. Als Konsequenz zieht das Individuum die schwersten Lektionen an. Es gibt viele Fälle, die Geschichte zeugt davon, die als Ausdruck dieses Hasses mit abscheulicher Gewalt und als Verbrechen gegen die Menschheit verübt wurden.

Die Vibrationen des Hasses sind Schwingungen völliger Ablehnung. Die Tür wird vor einem Menschen verschlossen, ohne den Versuch zu unternehmen, seine Wahrheit zu verstehen. Die Trennungslinie ist sehr dünn. Wie groß ist der Unterschied zwischen Akzeptanz und Ablehnung? Vielleicht liegt der Unterschied einzig und allein in deinem Selbstvertrauen, welches dir entweder die Fähigkeit gibt oder entzieht, andere in ihrer Wahrheit anzunehmen.

Erwerb

Das Gesetz lautet: "Jeder kann erwerben, was er für nötig hält, und zwar in jedem Grad oder jeder Menge, so lange wie es in gutem Glauben, ehrenhaft und durch eigene Anstrengungen erworben ist."

Von allen Gesetzen, die vom Vater erlassen wurden, ist dieses Gesetz am schwierigsten zu beachten. Der Mensch hat sich immer den Gefühlen der Unzulänglichkeit, Armut und anderen negativen Energien überlassen. Die Zeit ist nun reif, zu verstehen, daß es nicht des Vaters Wunsch ist, dir Mangel aufzuerlegen, damit du deine Hingabe beweist oder du spirituelles Wachstum erlangst. Es ist nicht nötig, daß, um zu wachsen, du dir Leid, Qualen und Entbehrungen auferlegst oder dich unzulänglich fühlst. Alles, das du zu fühlen brauchst, ist die Anwesenheit deines Vaters in dir.

Die Alten zerrissen ihre Kleider und bestreuten ihr Haupt mit Asche beim Verlust eines geliebten Menschen. In vielen Religionen ist das noch heutzutage Sitte. Warum freuten sie sich nicht über die Rückkehr eines Kindes zum Vater? Sie glaubten, bessere Menschen zu sein, wenn sie litten. Sie fühlten, daß Leid und Gram sie innerlich näher zum Vater brachten und entledigten sich ihres Besitzes. Heilige Männer wanderten als Bettler besitzlos von Ort zu Ort, und ihr Überleben hing von der Barmherzigkeit anderer ab. Das war unpassend. So etwas wünscht der Vater nicht. Wir sollen mit Freude wachsen. Es soll Freude herrschen, spirituell und physisch, wenn du dir Besitztümer schaffst.

Das Leid, welches der Mensch erduldet, ist eine Manifestation seiner eigenen Schöpfung, ein Beweis seiner Unzulänglichkeit. Möge der Mensch seinen Wert zeigen und nicht seinen Mangel. Nur dann kann er etwas erreichen. Unter dem Gesetz des Besitzes wird alles auf rechte Art erworben, und der Strom fließt durch einwandfreie Methoden immer hinein und hinaus, wird fortwährend ergänzt und an andere weitergeleitet.

Werden Dinge mit Gewalt genommen, - es ist ein Zeichen von Vertrauensverlust - wird der Fluß unterbrochen und Leid und Mangel stellen sich ein. Blickt auf. Krümmt nicht euren Rücken. Erniedrige dich nicht, es gibt niemanden außer dir, vor dem du dich erniedrigen mußt.

Negativität

Das Gesetz sagt: "Negativität ist der ausgleichende Ausdruck von Liebesschwingungen, geschaffen, um die Seele dem Spektrum der Frequenzen auszusetzen, die innerhalb einer Handlung und einer Reaktion stattfinden."

Es ist von äußerster Wichtigkeit, daß meine Kinder die Rolle verstehen, die das Gesetz der Negativität in ihren Leben, in ihrem Wachstum und in ihrer Evolution spielt. Keine Seele, die in karmischen Wachstumsmustern gefangen ist, kann Verbindung und Einheit mit dem Vater erfahren, außer wenn sie durch die Gesetze der Negativität hindurchgegangen ist und sie assimiliert hat.

Man kann fragen, wenn der Vater Liebe ist und du Liebe bist, warum mußt du leiden? Oft ist dir bereits gesagt worden, daß du, wenn du leidest, dir dieses Leid selbst geschaffen hast. Das stimmt. Ist man den

Schwingungen der Negativität ausgesetzt, dann heißt das nicht, daß man leiden muß, man muß nur verstehen, und die Vibrationen in die richtige Perspektive setzen. Das auftretende Leid ist größtenteils deine Schöpfung, denn zu bestimmten Zeiten schaffst du das Bedürfnis, zu leiden. Es ist dem negativen Ausdruck angemessen. Ich wiederhole, es ist eine vorher festgelegte Einstellung oder Gewohnheit, die man im Laufe seines Lebens erworben hat.

Die Gesetze der Negativität schaffen ein Gleichgewicht. Ohne sie gäbe es keine Aktion und Reaktion, kein Gleichgewicht und Ungleichgewicht, keine Ursache und keine Wirkung. Gäbe es auf deiner Vibrationsebene und ähnlichen im Universum nur Liebesschwingungen, dann käme kein Wachstum zustande, auch nicht, wenn alles immer nur Wahrheit wäre. Es gäbe keine Vergleiche, nichts was deine Wahrheit bestimmen könnte, denn alles wäre einseitig. Es gäbe keine Wahl, keine Gelegenheit zur Persönlichkeitsentfaltung, was gleichzusetzen ist mit Mangel an Freiheit und Ausdruck.

Das Hauptproblem ist, daß die meisten Menschen die Negativität als etwas Böses bezeichnen, als etwas Entgegengesetztes, das unter allen Umständen vermieden werden muß. Es ist an der Zeit, daß man die Negativität lediglich als ausgleichenden Ausdruck anerkennt. Sie ist eine niedrigere Stufe der Liebesvibration, dennoch eine Schwingung der Liebe. Außer Liebe existiert nichts.

Nehmt zum Beispiel eine Person, deren Bewußtsein so hochspirituell ist, daß sie nur noch Liebesvibrationen an sich herankommen läßt. Welche Auswirkungen hat das auf ihr Leben? Früher oder später wird sie sich in Isolation befinden, es wird ihr unmöglich sein, mit anderen Kontakt zu haben oder gar eine ihrer Wahrheit widersprechende Unterhaltung. Die Person wird nicht offen sein und wird ihre Schwingungen in beiden Fällen einkapseln.

Was geschieht mit solch einer Person? Ihr Wachstum wird stagnieren und sich zurückbilden. So lautet das Universalgesetz. Wachstum kann nicht ruhen. Es bewegt sich in die eine oder andere Richtung. Wie oft hast du dich in einer Situation befunden, in der du aus einer Welt der Träume und Illusionen in die Wirklichkeit zurückgeholt wurdest, von der du dich abgeschottet hattest. So etwas ist nicht schlecht, im Gegenteil, es ist wachstumsfördernd.

Wie benutzt man Negativität in Bezug auf spirituelles Wachstum? Es wird zum wichtigen Werkzeug im Laufe deiner Erziehung und deiner Einweihungen. Oft werdet ihr gelehrt, was ich als "negative Wahrheit", nicht aber als "Lüge" bezeichne. Wie geschieht das? Ich werde euch ein Beispiel geben.

Angenommen, einer eurer Meister kommt und erzählt dir eine dir unbekannte wahre Tatsache. Du erkennst und nimmst sie an. Sie wird ein Teil deiner Wahrheit. Ist das geschehen, werden die negativen

Schwingungen zu fließen beginnen. Sie werden versuchen, dein Vertrauen in diese neu gewonnene Wahrheit zu erschüttern. Es werden viele Anstrengungen unternommen, um diese Zweifel in deinem Gehirn hervorzurufen. Es werden dir vielleicht Alternativen zu deinem neu erworbenen Wissen geboten. Was ist das Ergebnis? Es gibt zwei Ergebnisse.

Das wünschenswerteste Ergebnis ist, daß du die negativen Suggestionen bekämpfst und dadurch deine Wahrheit stärkst und sie mehr und mehr aufbaust. Fordert in Zukunft jemand diese Wahrheit heraus, dann wirst du standhalten, sie verteidigen und sie in deiner Arbeit anwenden. Dies ist der Zweck, für den man dich negativen Energien aussetzt, um deine Überzeugung zu stärken, sie dir einzuhämmern bis du erstarkt bist.

Das andere Ergebnis ist, daß die Person der Negativität erlaubt, überhand zu nehmen, die neu erworbene Wahrheit anzweifelt und sie fallen läßt. Hier nimmt die Person den negativen Ausdruck der neuen Wahrheit an. Was geschieht in einem solchen Fall? In vielen Fällen geht der Person der spirituelle Pfad verloren. Und bei Zeiten wird die gleiche Lernsituation wieder auftauchen.

Das mag scheinbar eine harte Maßnahme sein, aber ihr müßt verstehen, daß, bevor ihr bewußt Eins werdet mit eures Vaters Schwingungen, er ganz und gar überzeugt sein muß von der Festigkeit eurer Vibrationen und eurer Zielsetzung. Erreichst du den Punkt ohne Wiederkehr in deinem Wachstum, kann nichts deine Zuneigung erschüttern.

Es wird keine Rede davon sein, daß du ermüdest oder überdrüssig geworden bist und alles hinwerfen wirst. Es wird nicht erlaubt werden, daß so etwas geschieht. Du bist in einer Situation, in der nur der Stärkste überlebt, deine Stärke ist die Liebe für deinen Vater. Und Stärke ist angenommenes Wachstum.

Hast du eine Wachstumsebene erreicht, wo es Zeit ist für dich, der Negativität ausgesetzt zu sein, dann versuche niemals, sie zu beseitigen. Der Schlüssel liegt darin, daß du die negative Seite erkennst. Hast du sie erkannt, dann wirst du ihren Ausdruck für positives Wachstum nutzen, und nicht dazu, nachteilig durch sie beeinflußt zu werden. Fortan brauchst du nicht mehr zu leiden und Schmerzen zu ertragen. Dir wird bewußt, daß das, was du Negativität nennst, in Wirklichkeit Liebe ist, nur auf einer anderen Ebene. Negativität bietet dir eine Wahl an und hilft dir, deine Wahrheit zu festigen. Sie ist da, um aufzubauen, nicht um zu zerstören. Niemand, der den Weg mit dem Vater geht, fällt der Zerstörung anheim.

Oftmals wird ein Individuum, das nicht bewußt erkennt, von den negativen Aspekten der Schwingungen aufgesogen. Manchmal beginnt dieses - aus Wachstumsgründen - auf der Seelenebene innerhalb einer Lernsituation; aber oft wird die Entscheidung von dem bewußten Ego gefällt. Das Leben des Individuums wird dann von einer negativen Vibration beherrscht. Dieses ist ihm aber nicht bestimmt worden, sondern er hat es sich selbst auferlegt.

Diejenigen, die in diesem negativen Ausdruck gefangen sind, sind eure Kriminellen, Söldner und diejenigen, die mit Vergnügen dem Leid und der Zerstörung anderer beiwohnen. Sie haben der negativen Schwingung erlaubt, die Vibrationen der Liebe zu überschatten und ihre Lebensaussichten völlig aus der Bahn zu werfen.

Geistiges Gesetz

Die Worte, niedergeschrieben auf der Gesetzestafel und bekannt als Zehn Gebote, sind Gesetze, die sich auf des Menschens Verhalten seinem Bruder gegenüber innerhalb der Gesellschaftsstruktur beziehen, in der er lebt. Es ist richtig, daß einige der Gesetze, die damals geschrieben wurden, heutzutage nicht mehr gelten. Genauso wie die Gesellschaften wachsen und sich ausdehnen, so wächst und dehnt sich das Gesetz aus.

Das Geistige Gesetz ist tatsächlich in der ungeschriebenen Doktrin, bekannt als Kabbala, enthalten. Niemals gab es wahre Nachfolger, denn die Menschheit war zu keiner Zeit völlig bereit, das Gesetz zu befolgen, oder es zu akzeptieren. Jedes Individuum muß - jeder für sich - in das Bewußtsein und die Akzeptanz des Geistigen Gesetzes hineinwachsen. Dennoch unterliegt jeder ewiglich dem

Gesetz. Das Gesetz enthält die Grundlagen und die Energien, unter denen der Mensch seine Lernmuster und sein Wachstum beginnt und erduldet. Es ist die Richtschnur, unter der alle Seelen sich entwickeln und höhersteigen. Ich werde mit dem Anfang beginnen.

Realität

"Du sollst nicht die Existenz Gottes verneinen, denn er ist deine einzige Realität." Der Vater sagt zu dir: ICH BIN. Alles andere ist Unbeständigkeit, die sich fortwährend verändert. Nur ICH BIN ist beständig. Verleugnest du deshalb SEINE Existenz, wird dein ganzes Sein zur Lüge. Akzeptiert einmal ein Individuum, während der Dauer einer Inkarnation, bewußt die Gegenwart seines Vaters in sich und in seinem Leben, so kann sie - einmal anerkannt - nicht mehr verneint werden. Die Ablehnung SEINER Gegenwart zieht für das Individuum die strengste Strafe nach sich, denn es ist eine völlige Verneinung der eigenen Wahrheit, der eigenen Realität. Aus diesem Grunde wird das Individuum innerhalb einer zukünftigen Inkarnation den intensiven Wunsch verspüren, Gott in sich zu finden, was ihm schwerfallen wird. Diese Gelegenheit wird ihm solange verwehrt, bis anerkannt wird, daß dieser Wunsch ganz und gar seiner Wahrheit entspringt.

Ursache und Wirkung

"Jede Ursache hat eine Wirkung." Wer besitzt die Fähigkeit, Ursachen zu erschaffen? Ergibt sich diese Gelegenheit immer und in jedem Moment für alle? Ganz sicher nicht. Um Ursachen zu schaffen, muß man eins sein mit dem inneren ICH BIN. Man muß zu seiner Wahrheit stehen und sie leben. Die Fähigkeit, Ursachen zu schaffen, lädt eine schwere Verantwortung auf. Mit jeder geschaffenen Ursache, wird vieles beeinflußt. Du sollst zu Gott, deinem

Herrn sagen: "Ich bin du und du bist ich, und ich habe deine Liebe und Wahrheit ganz und gar innerhalb meiner Schwingungen akzeptiert, deshalb habe ich ewigen Frieden und Verstehen erlangt. Alle meine Bedürfnisse werden erfüllt, denn ich bin eins mit meinem Vater und brauche mir keine Sorgen zu machen. Die völlige Vereinigung hat mich von allen Lasten befreit, und wenn es an der Zeit ist, eine Ursache zu schaffen, so wird es geschehen."

Akzeptanz

Das Gesetz der Akzeptanz kann gleichfalls Gesetz des Verstehens genannt werden. Es liegt in der Verantwortung der Menschheit, ihres Vaters Wort zu akzeptieren und es zu verstehen. Das ist nicht leicht zu erreichen, denn in frühen Wachstumsperioden hat die Menschheit das Bedürfnis zu fragen: warum, wer und wie. Nur nach erfolgter Vereinigung, wenn man die Einheit akzeptiert hat, kann man das "Wort" als Wort annehmen.

Wachstumsstabilität löst das Bedürfnis zu klassifizieren und identifizieren auf. Dein Vater ist die Quelle deiner göttlichen Wahrheit. So wie du wächst und deine Einheit mit ihm akzeptierst, wird alles, was auf dich zukommt, als Wahrheit erkannt und besteht einfach...

Karma

Ich spreche über Gelegenheiten, Erfahrungen zu klären, die sich zwischen zwei Seelen abgespielt haben. Das Gesetz ist hart. Oft hat der Mensch gesagt: "Mir geht es schlecht im Leben wegen einer Lektion, die ich mir mit jemanden aufgeladen habe, der sich noch in einem geistigen Zustand befindet." Das gilt nicht. Vibrationen, die man sich in der Physis zugezogen hat, müssen auf der physischen Ebene bereinigt werden. Ein geistiges Wesen besteht aus völliger Liebesschwingung. Eine Lektion, die eine Seele angezogen hat, muß nicht unbedingt mit derselben Seele, mit der sie verursacht wurde, bereinigt werden. Geschieht es doch, so auf freiwilliger Basis, um die Seele, die sich diese Lehre aufgehalst hat, zu unterstützen.

Urteil

Wir sprechen über das Gesetz: "Du sollst nicht richten." Wer spielt die Rolle des Richters? Frage mich nicht, ob dein Vater zu Gericht sitzt, denn er hat seine Kinder aus Liebe geschaffen, und sie brauchen nicht gerichtet zu werden.

Innerhalb der Struktur des Gesetzes gibt es einen Bereich, der sich auf die völlige Verurteilung des Selbst bezieht. Er handelt von: Wahnsinn, spiritueller Besessenheit, völligem Ablehnen der übernommenen Rolle innerhalb der Gesellschaft, Abhängigkeit vom Staat für Unterhalt und Überleben und die schlimmste Selbst-Verurteilung nämlich Selbstmord. Was geschieht, wenn die Seele in andere Bereiche überwechselt und das Ausmaß ihres Urteils erkennt, das sie über sich selbst während ihrer Inkarnationsdauer gefällt hat? Sie erkennt ihr Fehlverhalten und entscheidet, diese Vibrationen so schnell wie möglich zu bereinigen, denn diese Art von Lehre kann nicht lange hinausgeschoben werden.

Zum Beispiel kann die Seele bis zum Alter von fünfunddreißig Jahren mit Selbstmord-Neigungen inkarnieren. Zeigt das Individuum die Kraft, diese Neigungen zu überwinden und überlebt, dann ist das Karma erfüllt und Frieden zieht ein in die Ausgewogenheit des Lebens.

Evolution der Seele

Wir behandeln das Gesetz, das sich auf die Evolution der Seele bezieht. Das Gesetz sagt, daß, wenn eine Seele eine ihr vorbestimmte Ebene erreicht hat, sie das Recht erwirbt, eine Reihe karmischer, physischer Inkarnationen zu beenden und in die Vibrationen des Geist-Kerns einzugehen. An diesem Punkt kann die Seele entscheiden, ob sie sofort eine neue Ebene der Evolution in Angriff nehmen will oder freiwillig innerhalb der gegenwärtigen Schwingungen verbleiben möchte, um anderen Seelen, die noch nicht ihre Muster abgeschlossen haben, behilflich zu sein.

Eine Seele darf nicht ihre Wachstumsverpflichtungen umgehen. Eine Seele darf nicht Lehren, die durch ernst zu nehmende Übertretungen angezogen wurden, aufschieben. Eine Seele darf nicht in den normalen Vibrationsverlauf einer Zivilisation oder eines bewohnten Planeten eingreifen. Eine Seele, egal ob in geistiger oder physischer Form, darf nicht ohne Erlaubnis in andere Vibrations-Sphären überwechseln oder sich dort einmischen.

Spirituelle Treue

Wir besprechen das Gesetz der spirituellen Treue. Wen betrifft es? Betrifft es Seelen, die für sich selbst eine Schwingungseinheit geschaffen haben? Oder betrifft es nur die Seele und ihren Vater? Denn es steht geschrieben auf den Gesetzestafeln von Moses: "Du sollst keine Götter haben neben mir."

Die Worte, die ich bisher gesprochen habe, sind seit Jahrtausenden von Eingeweihten zu Eingeweihten übermittelt worden. Innerhalb ihrer Starre haben sie sich ausgedehnt, sind flexibler geworden und haben sich den Bedürfnissen höher entwickelter Zivilisationen und Gesellschaften angepaßt. Die Grundlage bleibt jedoch die gleiche; es ist nur die Bandbreite, die sich erweitert und ausdehnt. Nur zu diesem Zweck wurden die Zehn Gebote für die alten Hebräer erlassen. Das Gesetz bleibt das Gesetz, und die, die davon abweichen, müssen Rechenschaft ablegen. Ihr müßt verstehen, daß alles, was der Menschheit zustößt und das, was nicht göttlich ist, sie selbst verursacht hat.

Eine Seele wird in Liebe erschaffen, genährt und entwickelt, um in Liebe zu wachsen, und sich der Einheit mit dem ICH BIN bewußt zu werden. Strebt danach in eurem Wachstum, laßt diejenigen aus eurem Leben gehen, die dies verbieten und euch vom Auffinden dieser Einheit, die eure Zukunft ist, abhalten. Ich segne euch.

Christus-Licht

Erkennt und akzeptiert jemand die Gegenwart des universellen Christus-Lichts in ihm selbst, dann wird er sich das Licht und die Liebe zunutze gemacht haben, um ihn in seiner Arbeit zu unterstützen. Fehlen der Glaube und die Akzeptanz, wird ihm nichts zufließen, denn es gibt nichts Halbes. Entweder akzeptiert man das Licht oder verneint seine Existenz. Man kann nicht Gott montags, mittwochs oder freitags rufen.

Die Zehn Gebote

Verstehe, daß zu der Zeit, als die Zehn Gebote übermittelt wurden, die Verantwortung des Menschen eine andere war und nicht mit der heutigen Verantwortung der Kinder des Lichts verglichen werden kann. Daher war die Interpretation der Gebote verschieden von der heutigen. Laßt uns beginnen.

1

"Ich bin der Herr, Dein Gott, der dich aus Ägyptenland geführt hat, aus dem Diensthause. Du sollst keine anderen Götter haben neben mir."

Würde dieses Gesetz heute geschrieben, müßten die Worte drastisch verändert werden, denn der größte Teil der Menschheit verehrt nicht länger Idole, mythologische Götter oder Planeten und die Sterne. Der

Mensch verehrt seinen Vater und ist sich der Rolle bewußt, die sein Vater in seinem Leben spielt. Sogar jene, die behaupten, sie seien Atheisten - weil sie nicht an den Vater zu glauben wünschen - sind sich dessen bewußt und schaffen sich kein zu verehrendes Idol oder Geistwesen. Dadurch erkennen sie trotz allem die Existenz ihres Vaters an, obgleich sie sie verneinen.

Heute könnte dieses Gebot vielleicht folgendermaßen lauten: "Ich bin der Herr, Dein Gott. Du sollst keinen Mangel, keine Wünsche oder Bedürfnisse haben neben mir, denn ICH BIN und alles was da ist, ist ICH BIN." Mit diesen Worten würden wir grundsätzlich sagen, daß der Mensch Vorsicht walten lassen, und nicht seine Habgier, seine emotionalen Wünsche und die seines Egos vor die Anerkennung seines Vaters und seines inneren Gottes setzen sollte. Man könnte sagen, daß der Mensch gelegentlich diese Begriffe als Idol und niedere

Götter benutzt und verehrt. Bis zu einem gewissen Grad stimmt das, aber nur halb, denn selbst an diesem Punkt erkennt er die Existenz seines Vaters an. Wenn dir gesagt wird: "Ich bin der Herr, Dein Gott", so enthält es auch folgenden Sinn: "Erkenne mich an, denn ich bin in dir, und wir sind wie Eins. Deshalb kannst du meine Existenz nicht verneinen, denn verneinst du sie, dann verneinst du deine, und du kannst nichts oder niemanden über mich setzen. Tust du es doch, dann setzt du sie über dich selbst."

2

"Du sollst dir kein Bildnis machen, keinerlei Gleichnis, weder von dem, das oben im Himmel, noch von dem, das unten auf Erden, noch des, das im Wasser und unter der Erde ist. Du sollst nicht anbeten, noch ihnen dienen. Denn Ich, der Herr, Dein Gott, bin ein eifersüchtiger Gott, der die Missetat der Väter heimsucht über die Kinder ins dritte und vierte Glied, die mich hassen; Und Barmherzigkeit erzeige ich vielen tausend, die mich lieben und meine Gebote halten."

Beim Lesen dieses Gebotes sticht ein Wort daraus hervor wie ein wunder Finger, und das ist das Wort **eifersüchtig** in "Und ich bin ein eifersüchtiger Gott". Akzeptiert der Mensch, daß er ein eifersüchtiger Gott ist, dann muß der nächste Gedanke in deinem Kopf der folgende sein: "Ein eifersüchtiger Gott gerät schnell in Wut und greift ebenso schnell zur Rache. Ein eifersüchtiger Gott wird irrational handeln; die Folge ist Unrecht."

War der Grund, dieses Gebot in solche Worte zu kleiden, der, dem Menschen zu sagen, daß Gott eifersüchtig sei? Oder war der Sinn des Gebotes zu sagen: "Hab acht, bleibe innerhalb deiner Grenzen, ziehe dir nicht den Zorn deines Vaters zu." Oder war es vielleicht des Menschen eigene Furcht? Könnte es sein, daß der Mensch glaubte, daß, wenn er fehlginge und vom Wege abirrte, sich der Zorn Gottes über ihn ergösse? Könnten wir dieses Gebot heute neu schreiben, dann würde es vielleicht folgendermaßen lauten: "Ich bin der Herr, dein Gott. Ich bin Liebe und Licht. Ich bin allsehend, allwissend, allgütig, und ich gebe dir für jede Handlung die Freiheit der Wahl und den freien Willen dein Leben lang, und zwar so lange, wie du die Verantwortung für das Ergebnis deiner Taten übernimmst. Möchtest du vom Weg abirren, segne ich dich und überlasse dir die Verantwortung, aus diesem Fehler zu lernen, aber die Wahl ist deine."

Hier haben wir sehr verschiedene Umstände. In den Orginalworten liegt die Verantwortung des Menschen nicht bei ihm, sondern beim Vater. Der Gedanke war, daß, wenn der Mensch nicht so handelt, wie Gott es wünscht, er sich seinen Zorn zuzieht. Tut er es, und kommt etwas Falsches heraus, dann hat der Vater den Menschen fehl geleitet, und es ist nicht unsere Verantwortung.

Betrachten wir die neue Wortgebung des Gebotes, dann erkennen wir, daß wir die Verantwortung für unsere Handlungen, unsere Gedanken, unsere Ideen tragen, denn wir haben den Punkt in unserer Evolution erreicht, an dem wir imstande sind, diese Art von Verantwortung zu tragen und uns Rechenschaft für unsere Taten ablegen können. Wir wissen, daß wir uns gegenüber verantwortlich sind und daß unser Vater in seiner Güte uns erlaubt, jegliche Handlung auszuführen, wenn sie unserer Wahrheit entspricht.

3

"Du sollst den Namen des Herrn, deines Gottes nicht mißbrauchen, denn der Herr wird den nicht ungestraft lassen, der seinen Namen mißbraucht."

Vielleicht sollten wir diesen Satz anders umschreiben: "Du sollst nicht den Namen des Herrn, deines Gottes unnütz gebrauchen." Was war der Zweck dieses Gesetzes? Wurde es überliefert, um Respekt vor dem Vater zu haben? Wurde es überliefert, so daß der Mensch Furcht habe und Gottes Namen weder schreiben noch aussprechen dürfe? Oder war der Zweck der Überlieferung der, daß der Mensch nicht seine Füße bedecke oder seinen Kopf in des Vaters Gegenwart entblöße als Zeichen seiner Geringfügigkeit?

Das waren die Interpretationen dieses Gesetzes. Sagten wir zu dir: "Du sollst den Namen nicht unnütz gebrauchen, du sollst dich nicht lächerlich machen, du sollst dich nicht schämen", dann meine ich dasselbe. Der einzige Unterschied ist der, daß ich dir die Rechenschaft übertrage, die du vor dir selbst ablegen mußt. Ich verlange, daß du Gott in deinem Inneren erkennst. Ich sage zu dir, daß, wenn du deinen Vater in Ehren hältst, du dich selbst ehrst. Versagst du dir spirituelle Liebe, dann versagst du diese Liebe deinem Vater, und wenn du sie deinem Vater versagst, dann versagst du sie dir.

Wieder haben wir dir die Verantwortung dieses Gebotes in deine Hände gelegt. Du bist dafür verantwortlich, und zwar in Bezug auf dich.

4

"Den Sabbath-Tag sollst du halten, daß du ihn heiligest, wie dir der Herr, dein Gott, geboten hat. Sechs Tage sollst du arbeiten und alle deine Werke tun. Aber am siebenten Tage ist der Sabbath des Herrn, deines Gottes. Da sollst du keine Arbeit tun, noch dein Sohn, noch deine Tochter, noch dein Knecht, noch deine Magd, noch dein Ochse, noch dein Esel, noch all dein Vieh, noch der Fremdling, der in deinen Toren ist, auf daß dein Knecht und deine Magd ruhe gleich wie du. Denn du sollst gedenken, daß du auch Knecht in Ägyptenland warest, und der Herr, dein Gott, dich von dannen ausgeführet hat mit einer mächtigen Hand und ausgerecktem Arm. Darum hat dir der Herr, dein Gott, geboten, daß du den Sabbathtag halten sollst."

Es würde das gleiche bedeuten, wenn ich sagte: "Du darfst sechs Tage arbeiten, aber du sollst deinen Körper und deinen Geist am siebenten Tage ausruhen. Tust du das nicht, dann wirst du dir eine Lehre zuziehen." Weshalb ist das so? Es gibt ein universelles Gesetz, das sich - während du eine physische Inkarnation angenommen hast - auf die richtige Pflege und Behandlung des physischen Vehikels bezieht. Du kannst seine Existenz nicht ignorieren. Überforderst du dich, und treibst du dich bis zur Erschöpfung, so daß deine Körperstruktur schwach und krank wird, dann ziehst du dir eine Lektion zu.

Laß mich das Gesetz für dich in andere Worte kleiden: "Arbeite sechs Tage und betrachte am siebenten dein Wachstum, versorge dich, nähre und liebe dich. Segne deinen Vater für die Kraft, die es dir ermöglicht hat, während der letzten sechs Tage zu wachsen. Ladet eure Körper und euren Geist auf, so daß ihr die neue Woche energisch und kraftvoll angehen könnt."

Der Mensch hat nie den wahren Grund für das Ausruhen am Sabbath verstanden. Er verstand nicht die Bedeutung des siebenten Tages. Der Tag der Ruhe war die Zeit, in der er sich selbst lieben, seiner bewußt werden und um sich kümmern konnte. Das Gesetz wurde ihm auf eine solche Art und Weise nahe gebracht, daß er dachte, er müsse an diesem Tage seinem Vater dienen, - es war fast eine Strafe - denn er mußte sich jegliches Vergnügen und jegliche wahren Bedürfnisse versagen, gleichwohl das nicht der Fall war. Der heilige Tempel liegt im Inneren, und für ihn ist Sorge zu tragen.

5

"Du sollst deinen Vater und deine Mutter ehren, wie dir der Herr, Dein Gott, geboten hat, auf daß du lange lebest, und daß dir's wohl ergehe in dem Lande, das dir der Herr, Dein Gott, geben wird."

Das Schlüsselwort in diesem Gesetz ist: **ehren**. Was ist mit diesem Wort gemeint? Ich wage zu sagen, daß es einen Unterschied gibt zwischen der Bedeutung von heute und der vor vielen tausend Jahren. Die Worte des Gesetzes brauchen nicht verändert zu werden, nur die Bedeutung des Wortes **Ehre** hat sich gewandelt. Ehre heißt nicht Knechtschaft. Ehre bedeutet nicht blinder Gehorsam oder die Verneinung seiner Bedürfnisse. Es bedeutet nicht die Unterordnung der Persönlichkeit unter eine andere.

Das waren die Interpretationen dieses Wortes in alter Zeit, denn Männer und Frauen opferten sich ganz und gar auf, um ihre Mütter und Väter zu ehren. Der Satz, "Ehre deine Mutter und deinen Vater" sollte umgewandelt werden in: "Ehre deine Brüder und Schwestern". Dies wäre vielleicht die wahre Auslegung des Gesetzes. Sie könnte auch lauten: "Ehre den Himmel und die Erde, trage Sorge um das, was dir dein Vater anvertraut hat, respektiere es und erkenne seine Existenz an."

Dein Vater, deine Mutter und du selbst. Die Trinität, das männliche, das weibliche und die Liebe. Das Wort **Ehre,** wie es heute verstanden wird, heißt Anerkennung, Respekt und Akzeptanz, und wir brauchen nicht über diese drei Worte hinauszugehen. Es ist auch nicht unsere Rolle, von jemanden besessen zu sein, wir müssen nur ihre Existenz anerkennen, ihre Einstellungen und ihren Glauben respektieren und sie als Bruder oder Schwester annehmen. Erreichen wir das, dann stehen wir in der richtigen Beziehung mit der gesamten Menschheit und laden uns keine Schuld auf für unterlassene Taten, ob sie unserer Wahrheit entsprechen oder nicht. Wir nehmen nicht unfreiwillig Verpflichtungen auf uns, die wir nicht wollen. Wir fühlen uns nicht von den Verpflichtungen anderer niedergedrückt, wenn es nicht unser Wunsch ist, diese Verpflichtungen zu übernehmen. Ehre deine Mutter und deinen Vater, aber ehre sie in einer breiteren Bedeutung des Wortes.

6

"Du sollst nicht töten." Dieses Gesetz wurde in wenigen Worten ausgedrückt. Es ist schwer, diese wenigen Worte zu verändern, um diesem Gesetz einen modernen Wortlaut zu geben. Dennoch ist es vielleicht möglich.

Vielleicht sollten wir sagen: " Du sollst deine Brüder und Schwestern nicht völlig verurteilen."

Warum war es nötig, dieses Gebot zu erlassen? Wäre der Mensch seinen Weg zusammen mit dem Vater gegangen, dann hätte er den Weg der Liebe eingeschlagen und das Leben für wert erachtet, aber es scheint, daß der Wert, den der Mensch dem Leben gab, sehr unterschiedlich war von dem Wert, dem du ihm heutzutage zuschreibst. Warum war das so? War es dem Menschen erlaubt, mehr als eines zu haben und wußte sein Verstand, daß das Leben ewig währte? War es, weil die Gesetze, die wir als Gesetz des Austausches bezeichnen, zur damaligen Zeit unbekannt waren?

Schauen wir uns dieses Gesetz mit dem Bewußtsein unserer heutigen Zeit an, dann können wir vielleicht erkennen, daß "du sollst nicht töten" mehr bedeutet als das Töten eines anderen Menschen. "Du sollst nicht die Ambition eines anderen vernichten, du sollst nicht den Wunsch eines anderen abtöten, du sollst nicht deine Liebe zu deinem Vater ausmerzen."

Töten ist gleich niedermetzeln, einen Zyklus beenden. Das Gesetz hieß nicht: "Du sollst keinen Tod verursachen", denn es gibt keinen Tod. Wer sind wir, daß wir für einen anderen das Endes eines Zyklusses bestimmen können? Wir müssen uns bewußt sein, daß dieses Gesetz auch das umfaßt, was wir mit Selbstmord bezeichnen, denn das ist Töten. Wenn wir eine Projektion unseres Vaters sind, dann ist es nicht an uns, unser Leben zu beenden, obwohl es unser ist.

7

"Du sollst nicht ehebrechen."

Machen zwei Konkurrenten Geschäfte, und bietet einer von ihnen einem geschätzten Angestellen einen Anreiz, der ihn von seinem Arbeitgeber weglockt, dann ist das Ehebruch. Besticht eine Person einen Angestellten eines anderen Konzerns, um ihm Geschäftsgeheimnisse zu entlocken, dann ist das Ehebruch.

Zur Zeit, als die Gebote niedergelegt wurden, war der Mensch auf vielen Gebieten ein sinnliches Wesen. Durch die ganze Geschichte hindurch ziehen sich Aufzeichnungen von Zivilisationen und Städten, die sich völlig ihrer Sinnlichkeit hingaben. Vielleicht sollte dieses Gebot folgendermaßen gelautet haben: "Du sollst Respekt vor anderen haben", aber wenn wir uns auf Menschen beziehen, dann können wir nicht sagen: "Du sollst den Besitz anderer respektieren", denn niemand kann den anderen besitzen.

In alten Zeiten gab es fast keinen Moralkodex, deshalb mußten scharfe Gesetze erlassen werden, um gewisse Gesellschaftsstrukturen und ein gewisses Maß an Recht und Ordnung zu schaffen.

Was ist Ehebruch? Auf Amerikanisch heißt Ehebruch "adultery". In ihm steckt das Wort "adult", was reif und vollentwickelt bedeutet. Wir sagen, daß zwei gereifte Erwachsene trotz ihres Wunsches keine Beziehung miteinander haben und sich auch nicht mitteilen dürfen.

Vielleicht sollte das Wort **Ehebruch** durch **Vergewaltigung** ersetzt werden, denn hier liegt der Wunsch und die Zustimmung von nur einem Erwachsenen vor und nicht vom zweiten. In diesem Falle würden wir einen Mord begehen. Die wahre Definition des Ehebruch-Gesetzes ist von den Kirchen aller Glaubensrichtungen und von allen Religionen aus Furcht, daß die Gesellschaft noch einmal in die Sinnlichkeit fallen würde, verschleiert worden. Die Verantwortung würde in den Wind geblasen und die Menschheit noch einmal unbezähmbar werden. Wenn das des Menschen Wunsch ist, so sei es.

Wenn ein Mann und ein Mann, eine Frau und eine Frau oder ein Mann und eine Frau miteinander aus freiem Willen eine Beziehung von unreifer Natur haben, müssen sie, nur sie allein, die Verantwortung für ihre Handlungen tragen. Handeln sie so in Übereinstimmung mit allen Ebenen ihrer Bewußtheit, dann haben sie nichts weiter als eine Verbindung geschaffen. Nun stehen wir jedoch an der dünnen Trennungslinie, denn wenn sie gemäß ihrer Wahrheit leben und handeln, und diese anderen schadet und ein Leid zufügt, und wenn dieser Schaden das Ergebnis eines Vertragsbruches ist, dann fällt ihnen die Verantwortung zu.

Es ist leicht zu sagen, "Die geschädigte Partei muß ihre eigene Lektion lernen", aber wenn das eine Lektion ist, die sie nicht herbeigerufen hat, dann ist sie ihr, ohne daß sie den Wunsch danach geäußert hat, aufgehalst worden. Oft haben einige von euch gefragt: "Wird die Zeit kommen, wenn die Ehe, wie sie heute besteht, aufhört zu existieren?" Das ist gut möglich, denn kein Kind Gottes kann das andere besitzen, kein erleuchtetes Kind wünscht, daß sein persönlicher Ausdruck eingeschränkt und begrenzt wird.

Ich sage hiermit nicht, daß die Institution des Familienlebens verschwinden wird. Ich sage, daß es mehr Frieden und Harmonie geben wird und weniger Aufruhr, denn die Menschheit wird ihre Freiheit erkennen. Gehen zwei eine Beziehung ein, dann sollen sie es ihrem Wunsch entsprechend tun, aber nicht auf Druck der Familie, der Gesellschaft, oder um sich ein Anhängeschildchen umzuhängen.

Wäre das kein Ehebruch? Ehebruch ist Vergewaltigung, ein Mangel an Wahrheit, die Zerstörung von Wahrheit. Aber man begeht ihn nur, wenn eine der Parteien erkennt, daß die beabsichtigte

Handlung Furcht, Scham oder Schuldgefühle hervorruft. Wir fühlen uns nicht schuldig, wenn wir gemäß unserer Wahrheit handeln, im Gegenteil, wir fühlen Freude und Liebe. Wir sagen euch daher, daß ein Ehebrecher im Wesentlichen ein Mörder ist, ein Vergewaltiger, denn er streift seine Wahrheit ab, um zu handeln.

8

"Du sollst nicht stehlen."

Verhungert ein Kind und nimmt sich eine Scheibe Brot, stiehlt es dann? Was ist Stehlen? Das Wörterbuch beschreibt Stehlen als eine Handlung, durch die du dir etwas auf unehrenhafte Art und Weise aneignest, was dir nicht gehört. Wenn das stimmt, dann haben wir es mit zwei Kategorien des Stehlens zu tun. Stehlen bezieht sich dann einerseits auf physische und andererseits auf spirituelle Dinge.

Wie könnte man stehlen, wenn man nichts besitzt, denn es gäbe nichts zu stehlen.

Wie könntest du mir etwas wegnehmen, oder mich sagen lassen, du hättest es gestohlen, wenn mir nichts gehört, denn ich besitze nichts. Vielleicht könnten wir dieses Gebot anders formulieren: "Du sollst dir nichts aus Habgier aneignen." Was tut einer beim Stehlen? Er unterbricht den Fluß, denn er wünscht mehr zu erhalten, als ihm zufließt, und der Zweck spielt keine Rolle. Es spielt keine Rolle, ob man ihn festhalten, verkaufen oder zum Kauf anderer Tauschgegenstände anwenden möchte.

"Du sollst nicht stehlen." Ihr seid alle Kinder Gottes. Ihr seid wie euer Vater. Ihr seid fließendes Licht, es fließt euch ständig zu und durch euch hindurch, es strömt wieder und wieder auf euch ein. Dennoch habe ich jene Kinder auf ihrem Weg bemerkt, die - wenn sie sehen, daß ein anderer den Punkt seiner Evolution erreicht hat, der ihnen verwehrt wurde -

den anderen beobachten und nach Mitteln suchen, um eben diesen Punkt zu erreichen. Sie versuchen herauszufinden, was jener erworben hat, um es zu "stehlen", auf daß sie so werden wie der andere.

Was tun wir mit solchen Menschen, die wir "Energie-Parasiten" nennen, die versuchen, den Verstand anderer Menschen zu lesen und trockenzulegen, die ihre Kräfte benutzen, um das Leben anderer Menschen zu kontrollieren und sie zu veranlassen, ihren Befehlen zu folgen, die Kulte gründen, um andere einer Gehirnwäsche zu unterziehen? Diese Menschen sind spirituelle Diebe, denn sie nehmen das, was Gott gehört.

Viele Kinder des Lichts sind Kanäle für spezielle Informations- und Bewußtseinsbereiche. Ihre Aufgabe ist es, diese Information an ihre Brüder und Schwestern weiterzugeben, ebenso wie wir es mit diesem Buch tun. Dennoch gibt es einige, die meinen, daß das, was ihnen mitgeteilt wurde, ihres ist, und sie es benutzen können, um zu Ruhm und Geld zu kommen. Sie versuchen, das Wissen zu stehlen, die Techniken und die Methoden des Vaters und erklären, daß es ihre sind, wenn sie in Wahrheit nichts besitzen. Dann hört ihr Strom auf zu fließen.

Es ist unmöglich zu stehlen, denn es gibt nichts zu stehlen, wie der, der sagt: "Ich bin bestohlen worden" nicht weiß, daß er an erster Stelle nichts besaß.

9

"Du sollst kein falsches Zeugnis reden wider deinen Nächsten."

Wenn die Alten gegen ihre Nachbarn falsch aussagten, plagten sie Pein und Schuldgefühle. Laßt uns die Interpretation dieser Worte erweitern: "Du sollst nicht die Vernunft anderer durch persönliches Beurteilen deines Nachbarns in die Irre führen." Klatsch und Tratsch sind der Grund für das Ablegen eines falsches Zeugnis wider deinen Nächsten. Beurteilst du und sprichst darüber mit anderen, dann wird aus der Beurteilung ein Urteil, und das bedeutet, falsches Zeugnis ablegen.

Der Mensch hat ein Anrecht, sich über andere eine persönliche Meinung zu bilden und eine persönliche Entscheidung zu fällen. Aber es entstehen ein falsches Zeugnis und ein falsches Urteil, wenn man darüber zu anderen spricht, die nicht in dieser Situation verwickelt sind.

10

"Du sollst nicht gelüsten deines Nächsten Weibes. Du sollst nicht begehren deines Nächsten Haus, Akker, Knecht, Magd, Ochsen, Esel, noch alles, was sein ist."

Was bedeutet das Wort **Begehren**? Bedeutet es, daß der Mensch ohne Gefühle, Gemütsbewegung und

Wünsche sein soll? Die meisten Menschen erinnern sich, wenn sie dieses Gebot hören nur an: "Du sollst nicht begehren deines Nächsten Weibes", und vergessen die restlichen Worte. Die Mensch tendiert dazu, zu glauben, daß sie nur in alten Zeiten Gültigkeit hatten. Laßt uns deshalb dem Gebot einen anderen Wortlaut geben: "Du sollst nicht begehren deines Nachbarns Weib, sein 12-Zimmer-Haus, seinen Rolls-Royce, sein Schwimmbad, seinen Butler usw." Das ist verständlicher.

Auf der anderen Seite, wenn du dir nichts wünscht, dann wächst du nicht. Was ist der Unterschied zwischen den Worten **bewundern** und **wünschen**? Wenn du die Frau des anderen bewunderst, bedeutet es, daß du sie begehrst? Wenn du nach ihr verlangst, und ihr erlaubst, deine Gefühle wahrzunehmen, dann begehrst du sie, denn du handelst unmittelbar auf deinen Gedanken.

Wenn man nicht träumen und keine Phantasien hätte, wenn man seinen Geist nicht durch zauberhafte Situationen führte, ihn nicht staunen, experimentieren oder schaffen ließe, dann würde er in einem beklagenswerten Zustand sein. Phantasien zu haben, bedeutet nicht zu begehren; oftmals sind diese ein Ansporn zur Kreativität. Begehren heißt Verlangen, aber mit einem solchen Ausmaß zu begehren, daß es in den normalen Lebensverlauf eingreift und zur verzehrenden Leidenschaft wird, ist ein Fehler.

Du lernst, daß wir nicht an materiellen Dingen hängen sollen, sie sind vergänglich und du mußt imstande sein, sie innerhalb eines Augenblickes loszulassen. Nimm eine hinübergegangene erdgebundene Seele, die nicht von ihrem Besitz lassen kann. Sie kann es nicht ertragen, ihr wunderschönes Heim, ihre herrlichen Möbel und andere geliebte Dinge zu verlassen. Beherrscht das Verlangen diese Seele nicht in einem übertriebenen Maß?

Vielleicht sollten wir das Gebot umschreiben und sagen: "Begehre nicht das, was nicht dein ist. Habe Vertrauen und das Wissen, daß der Fluß des Lebens deine Bedürfnisse stillen wird und, wenn du Glück hast, auch einige deiner Wünsche."

Erlaube der Bedeutung des Wortes **Begehren** nicht, deinen freien Ausdruck und dein Wachstum einzuschränken. Fürchte dich nicht davor, nur weil andere eine Beziehung nicht gut heißen würden, an jemanden heranzutreten, mit dem du einen Energie-, Wissensaustausch haben und wachsen könntest.

Begehre deinen Vater, sein Licht, seine Liebe und sein Wissen. Erlaube dem Rest der Welt, dir zuzufließen und durch dich hindurch.

Das Abenteuer einer Transformation

12 Jahre bei Babaji

von Gora Devi
1. Auflage Dez. 1994, 216 Seiten
zahlreiche Fotos, 14,5 x 21 cm
ISBN 3-926388-28-5   DM 32,--

BABAJI spricht:

Prophezeiungen und Lehren
3. Aufl. 1995, 190 Seiten, 6 Fotos
11,5 x 18,5 cm
ISBN 3-926388-03-X   DM 16,80

Babaji - Am Quell der Wahrheit in Haidakhan Vishwa Mahadham

von Shdema Goodmann
2. Aufl. 1991, 144 Seiten, 7 Fotos
11,5 x 18,5 cm, ISBN 3-926388-08-0   DM 16,80

Unergründlich tief wie das Meer: Babaji - 108 Begegnungen

Gertraud Reichel (Hrsg.)
4. Auflage 1992, 130 Seiten, 11,5 x 18,5 cm
ISBN 3-926388-22-6   DM 18,00

BABAJI - Pforte zum Licht
Ein Erlebnisbericht

von Gertraud Reichel, 3. Auflage 1995
168 Seiten, 9 Fotos, 14,5 x 21 cm
ISBN 3-926388-12-9   DM 19,80

Auch in Englisch (Babaji - Gateway to the light)
und in Japanisch erschienen, Näheres auf Anfrage.

G. Reichel Verlag, Reifenberg 85, D-91365 Weilersbach, Tel. 09194-8900, Fax 09194-4262

Leben aus dem Sein
Ein Buch über Babaji
von Radhe Shyam
2. Auflage 1995, 368 Seiten
14 Fotos, 15 x 21 cm,
ISBN 3-926388-17-X   DM 32,00

Ich bin Du - BABAJI
Botschaften des Meisters vom Himalaya
Maria Gabriele Wosien (Hrsg.)
4. Auflage 1992, 118 Seiten, 11 Fotos
11,5 x 18,5 cm, ISBN 3-926388-23-4   DM 16,80

Das Buch des Lebens
v. Radha-Magdalena Bambeck
3. Auflage 1994, 120 Seiten
Leineneinband mit Goldschnitt, Fadenheftung
11 x 15,5 cm, ISBN 3-926388-13-7   DM 19,80

Babaji-Von Herz zu Herz
Gertraud Reichel (Hrsg.)
1. Auflage 1991, ca. 230 Seiten, 15x21 cm
ISBN 3-926388-20-X   DM 24,80

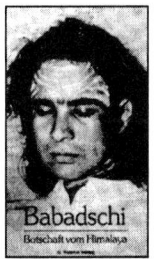

BABADSCHI
Botschaft vom Himalaya
von Maria-Gabriele Wosien, 5. Auflage 1995,
mit zahlr. Abbildungen, erweitert um das
Kapitel „Der Weise Vasishta", 135 Seiten
11,5 x 18,5 cm, ISBN 3-926388-00-5   DM 19,80

G. Reichel Verlag, Reifenberg 85, D-91365 Weilersbach, Tel. 09194-8900, Fax 09194-4262

Die Wächter II
UFOs und Nahtoderfahrungen

von Raymond E. Fowler
1. Aufl. 1996, viele Abbildungen, 400 Seiten
14,5 x 21 cm, ISBN 3-926388-33-1   DM 36,00

Die Allagash Entführungen
Unwiderlegbare Beweise für das Eingreifen von Außerirdischen

von Raymond E. Fowler, Vorwort von Budd Hopkins,
1. Aufl. 1995, 32 Bilder, 372 Seiten
14,5 x 21 cm, ISBN 3-926388-30-7   DM 36,00

Der Fall Andreasson
Dokumentierte Untersuchung von der Entführung einer Frau an Bord eines Ufos

von Raymond E. Fowler, Vorwort von Allen Hynek
1. Aufl. 1995, 53 Bilder, 280 Seiten
14,5 x 21 cm, ISBN 3-926388-31-5   DM 36,00

Sternensaat
Das galaktische Erbe der Menschheit

von Lyssa Royal & Keith Priest,
120 Seiten, 14,5 x 21 cm
ISBN 3-926388-27-7   DM 26,00

Besucher von Innen

von Lyssa Royal u. Keith Priest
200 Seiten, 15 x 22,5 cm
ISBN 3-926388-26-9   DM 32,00

G. Reichel Verlag, Reifenberg 85, D-91365 Weilersbach, Tel. 09194-8900, Fax 09194-4262

Der Weg des Tänzers
Selbsterfahrung durch Bewegung
Bernhard Wosien

Maria Gabriele Wosien (Hrsg.)
zahlr. Abb., 17 x 24 cm, 135 Seiten
ISBN 3-926388-29-3 DM 26,00

Erkenntnisse aus Atlantis
Wandlung durch neue Energiemuster, Kristall-Heilung

von Dr. Frank Alper, 2. Auflage 1996
14,5 x 21 cm, 392 Seiten, zahlr. Abbild.
ISBN 3-926388-19-6 DM 36,00

Prophezeiungen zur Zukunft Europas
Eine Analyse von über 250 Quellen

von Stephan Berndt
1. Auflage 1997, 288 S., 14,5 x 21 cm,
ISBN 3-926388-40-4 DM 29,80

Mein Freund aus der Unendlichkeit
Begegnungen mit einer kosmischen Intelligenz
von Astrid Rodin
14,5 x 21 cm, 120 Seiten
ISBN 3-926388-34-X DM 21,00

Der Kurs zum Selbst
In Wahrheit und Liebe von Babaji
von Roger G. Lanphear
14,5 x 21 cm, 168 Seiten
ISBN 3-926388-35-8 DM 26,00

G. Reichel Verlag, Reifenberg 85. D-91365 Weilersbach. Tel. 09194-8900. Fax 09194-4262

Der Armstrong Report
Außerirdische und UFO´s - Sie brauchen uns, wir sie nicht!
von Virgil Armstrong, 2. Auflage 1996
14,5 x 21 cm, 144 Seiten
ISBN 3-926388-24-2 DM 26,00

Horusauge
Historischer Roman basierend auf Reinkarnationserlebnissen
von Eva Hauser
368 Seiten, 14,5 x 21 cm
ISBN 3-926388-33-1 DM 36,00

Baba Blues
Intensivtraining zum ErfolgReich Glücklich werden
Ein Kursbuch für den „Ölmann-Prozess"
von Ingeborg Ölmann
200 Seiten, 14,5 x 21 cm
ISBN 3-926388-36-6 DM 29,00

Dummheit tut so weh
Die Geschichte einer heranwachsenden Frau
von Ingeborg Ölmann
108 Seiten, gebunden
ISBN 3-926388-39-0 DM 19,80

G. Reichel Verlag, Reifenberg 85, D-91365 Weilersbach, Tel. 09194-8900, Fax 09194-4262